조약,
테이블 위의 전쟁

조약, 테이블 위의 전쟁

초판 1쇄 발행 | 2016년 5월 26일
초판 2쇄 발행 | 2017년 9월 18일

지은이 이성주
기획 파트너 딴지일보 편집부
책임편집 조성우
편집 손성실
마케팅 이동준
디자인 권월화
용지 월드페이퍼
제작 ㈜상지사P&B
펴낸곳 생각비행
등록일 2010년 3월 29일 | 등록번호 제2010-000092호
주소 서울시 마포구 월드컵북로 132, 402호
전화 02) 3141-0485
팩스 02) 3141-0486
이메일 ideas0419@hanmail.net
블로그 www.ideas0419.com

책값은 뒤표지에 있습니다.
잘못된 책은 바꾸어드립니다.

조약,
테이블 위의 전쟁

이성주 지음

생각비행

또 다른 전쟁, 워싱턴 해군 군축 조약

1920년대의 일본을 처음 들여다봤을 때의 흥분이 지금도 기억난다. 전쟁과 같은 긴장감이나 화려함은 없지만 수면 아래에서 벌어지는 수많은 정치적 수 싸움과 욕망을 향해 달려드는 정치 주체들의 총성 없는 전쟁은 그 자체로 하나의 대서사시였다.

사춘기의 열병이라고 해야 할까? 제국이 된 일본은 부쩍 커진 자신의 몸과 그런 자신을 바라보는 타자의 시선 속에서 어디로 가야 할지 고민했다. 메이지 유신 이후 처음으로 전쟁이 없는 10년을 보냈고, 그 시간 동안 일본 제국의 미래를 고민했다. 커진 힘을 가지고 외부로 뻗어나갈까? 아니면 좀 더 내실을 다져야 할까?

이 와중에 일본 국민은 민주주의를 꿈꿨다. 바다 건너 외국에서 불어닥친 자유주의 사조와 민주주의 열풍이 일본 국민의 가슴을 뛰게 했다. 근대 자본주의의 수용과 발전이 정치적 자유와 권리의 획득에 대한 일본 국민의 열망을 부채질하던 그 시절, 일본은 '올바른 방향'으로 달려나가는 느낌이었다.

이 시기에 워싱턴 해군 군축 조약이 체결되었다. 일반인에게는 낯선 조약이지만, 국제정치와 인류사적 측면에서 보자면 거대한 전환점이었다. 워싱턴 해군 군축 조약은 '인류 역사상 가장 성공적인 군축 조약'이자 '그때까지 일어난 그 어느 해전보다 더 많은 전함을 지워버린 조약'이었다. 워싱턴 해군 군축 조약은 10여 년간 애초의 목적을 달성했고, 그 덕에 열강들은 전쟁 없이 얼마간 행복을 만끽할 수 있었다.

갓 제국의 반열에 오른 일본도 마찬가지였다. 메이지 유신 이래로 팽창만을 추구하던 일본에게 '군축'은 생경한 단어였고 불쾌한 경험이었다. 하지만 그 덕분에 일본은 메이지 유신 이후 처음으로 전쟁 없는 10년을 보낼 수 있었고, 그동안 전쟁으로 내몰렸던 일본 국민은 '평화'라는 단어의 진정한 의미를 느낄 수 있었다.

그러나 인간사의 영원불변한 규칙을 비껴갈 수는 없었다.

하나를 얻기 위해서는 다른 하나를 포기해야 한다. 워싱턴 해군 군축 조약을 체결하기 위해서는 그동안 일본이 제국으로 성장하는 데 자양분이자 울타리가 되어주었던 영일 동맹을 포기해야만 했다. 세계 3위의 해군력, 기술력, 해군 운용 노하우, 제국 일본의 국가 시스템을 만들어준 영국으로부터 독립해 진정한 홀로서기를 강요받게 된 계기 또한 워싱턴 해군 군축 조약이었다. 사춘기를 지나 성년으로 나아가는 과도기였다고나 할까? 알을 깨고 나가는 성장의 고통이었다고 해야 할까?

전쟁 국가 일본의 막간의 평화, 1920년대를 더듬어 내려가며 느꼈던 환희와 설렘이 지금도 손에 잡힐 듯 생생하다. 사실 '전쟁으로 보는 국제정치' 시리즈를 쓰게 된 이유도 바로 이 워싱턴 해군 군축 조약과 그 배경이 된 1920년대의 일본 때문이었다.

일반적인 수준에서 역사를 바라보는 이들에게 워싱턴 해군 군축 조약은 굉장히 생경하기만 하다. 중일전쟁, 태평양전쟁(제2차 세계 대전)은 알지만, 그 시발점이 되고 훗날 태평양전쟁에 지대한 영향을 끼친 이 조약이 어떻게 성립되었으며, 또 이 조약 때문에 일본이 어떻게 변화했는지에 대한 '감'은 전무하

다시피 하다. 눈에 보이는 결과인 전쟁에만 집중하기 때문일 것이다.

늘 말하지만, 전쟁은 어디까지나 최종적인 외교 수단일 뿐이다. 그런 의미에서 당대를 주름잡던 최고의 열강들이 모여 군축 협상을 하고, 저마다의 계산에 따라 서로의 패를 맞춰보던 워싱턴 해군 군축 조약은 또 다른 전쟁이었다고 감히 말할 수 있다. 고리타분한 테이블 위의 전쟁이지만, 이 협상 덕분에 그때까지 일어난 그 어느 해전에서보다 더 많은 전함이 사라지게 되었다. 우리가 국제정치를 알아야 하고, 국가 간의 외교를 고민해야 하는 이유를 확실하게 보여준 선례다.

2016년 5월 합정동에서

01

드레드노트의 탄생

Dread(두려움) + nought(없다) = 아무것도 두려워하지 말라

군함에 붙이기에는 더없이 멋진 이 이름은 20세기 초반의
군사력 판도를 뒤바꿔놓았다. 드레드노트Dreadnought란 군함은
그 이름처럼 그 누구도 두려워하지 않았지만, 단 하나, 스스로
를 두려워해야 했다. 탄생과 동시에 전 세계를 공포에 빠뜨리
고 전쟁을 부추긴 마魔의 이름, 드레드노트.

영국 해군에게 드레드노트는 낯선 이름이 아니었다. 이미
17세기 무렵 3급 전열함에 이 이름을 붙였고, 이후에도 대를
이어 사용했다. 세계사적으로 그 위명을 떨친 20세기 초의 전
함 '드레드노트'는 이미 6대째 붙여진 이름이었다. 어쩌면 흔
한 이름이었다고 할 수 있을지도 모르나 이 흔한 이름이 역사

드레드노트

의 흐름을 뒤바꿔놓으리라고는 그 누구도 예상하지 못했다.

피셔 제독의 등장

—

존 피셔John Arbuthnot Fisher는 잘 알려지지 않은 인물이지만, 영국 에서는 트라팔가르 해전의 영웅 넬슨 제독과 함께 가장 인기 있는 '해군인'이다. 군사 분야에 관심이 많은 사람이라면 '드 레드노트급' 개발의 장본인이자 제1차 세계 대전 당시 영국

존 피셔

해군을 이끈 불굴의 해군인으로 그를 기억하고 있을 것이다.

피셔 제독은 투사였다. 그에 대해서는 두 가지 유명한 에피소드가 있다. 하나는 당시 영국 왕이었던 에드워드 7세와의 면담 중에 "제독, 내 얼굴 앞에서 주먹 좀 그만 휘두를 수 없는가?"라고 주의를 받은 일화다.

다른 하나는 윈스턴 처칠과의 충돌이다. 제1차 세계 대전 당시 참호에 몸을 우겨넣고 교착 상태에 빠졌을 때 영국 행정부는 저마다 전황 타개책을 내놓았다. 처칠은 "프랑스에 병력을 투입하는 대신 터키를 공격해 독일 남부에 교두보를 건설하자. 이렇게만 되면 독일, 오스트리아, 터키 동맹은 와해될 것이고 전쟁은 영국에 유리한 국면으로 뒤바뀔 것이다"라고 주장했다(실질적인 목표는 터키를 동맹에서 떨어져 나오게 하면서 동부 전선의 러시아를 지원하는 것이었다). 멜 깁슨이 주연한 영화 〈갈리폴리Gallipoli〉로 잘 알려진 '갈리폴리 상륙 작전'이었다.

이 상륙 작전을 한마디로 정의하자면 '영국 역사상 최악의 상륙 작전'이라고 할 수 있을 것이다. 처칠이 갈리폴리 상륙 작전을 주장할 때 피셔는 베를린과 가까운 발트해 연안에 상륙 작전을 펼치자고 주장했다. 하지만 격론 끝에 처칠의 주장이 채택됐고 희대의 '삽질'이 시작되었다. 당시 갈리폴리 상륙 작전을 주장한 처칠도, 이에 반대한 피셔도 모두 정치 생명을 끝내야 했는데, 작전이 실패하면서 처칠의 사임은 예견된 것이지만 피셔의 경우는 의외였다. "피셔가 갈리폴리 상륙 작전 자체를 못마땅해 해서 상륙 작전 당시 해군이 미온적으로 움직였다. 해군과 피셔의 수동적인 움직임이 발목을 잡아 갈리폴리 작전이 실패했다"란 주장이 나왔고, 그에 따라 결국 피셔도 사임을 하게 된 것이었다.

피셔가 갈리폴리 작전에 어떤 입장을 취했는지에 대해서는 판단을 유보하겠다. 아니, 갈리폴리에서 그가 의도적으로 태업을 했다 하더라도 그의 존재가 영국 해군에 끼쳤던 영향을 고려한다면 '그 정도쯤이야' 하고 넘어갈 수 있을 것이다. 20세기 초에 그가 아닌 다른 이가 영국 해군의 수장 자리에 앉았더라면, 아마 영국은 팍스 브리타니아Pax Britannia를 제2차 세계 대전이 아닌 제1차 세계 대전 중에 내려놓아야 했을지도 모른다.

피셔가 해군에서 활동하던 시절은 한마디로 격동의 시대였다. 그가 처음 해군에 발을 내디뎠을 때만 해도 영국 해군은 범선을 타고 있었지만, 곧 증기 기관으로 움직이는 철갑선을 목도하게 되었다. 피셔는 범선에서 해군 경력을 시작해 석탄을 연료로 하는 증기 기관 배에서 생활했고, 마지막으로 증기 터빈을 동력으로 하는 드레드노트급을 만들어냈다.

해군의 생활 면에서도 엄청난 개선이 이루어졌다. 영국 해군 하면 떠오르던 십비스킷Ship Biscuit을 신선한 빵으로 대체한 것도 피셔 제독이었다. 무엇보다 피셔는 요동치는 국제정치의 한가운데서 영국 해군의 미래를 정확하게 제시했다. 피셔가 해군의 수장으로 있던 시절에 영국 해군은 독일 해군의 도전을 받아야 했다. 당시 신흥 제국이던 독일은 교역 지역을 넓히고, 또 그것을 지키기 위해 강력한 전함을 보유하고자 했다. 보불전쟁의 승리는 유럽 대륙의 판도를 뒤바꿔놓았다. 독일과 프랑스라는 유럽 대륙의 강자들이 서로를 노려볼 때 영국은 '영광스런 고립splendid isolation' 정책을 펼칠 수 있었다. 유럽 대륙이 세력 균형을 이루고 있는 상태에서 영국은 최대한 자신의 이익을 추구할 수 있었던 것이다. 그러나 보불전쟁으로 유럽의 판도는 독일을 중심으로 흘러가기 시작했다. 여기에 한술 더 떠 빌헬름 2세는 독일 통일의 주역이었던 철혈재상 비스마르크를 실각시키고 친정 체제를 구축했다. 그리곤 식민지 확장 정책에 뛰어들었다.

그나마 말이 통했던 비스마르크 대신에 호전적인 빌헬름 2세의 등장은 영국 정치인과 군인, 아니, 영국 전체에 위협이었다. 해외 식민지 확보를 위해 가장 필요한 게 무엇일까? 바로 해군이다. 빌헬름 2세는 티르피츠Alfred von Tirpitz를 기용하고, 1898년에 함대법을 만들어 해군 건설에 박차를 가했다. 해군에 대한 빌헬름 2세의 전폭적인 투자에 영국은 심기가 불편할 수밖에 없었다. 독일이 쫓아오니 영국도 덩달아 해군에 계속 투자해야만 했다. 이렇게 독일과 영국은 말도 안 되는 건함 경쟁에 내몰렸다. 치킨 게임이라고 해야 할까?

먼저 손을 내민 건 영국이었다. 1913년 영국은 육군 장관이었던 홀데인Richard Burdon Haldane을 독일에 보내 건함 경쟁을 멈

빌헬름 2세

추자고 제안했다. 세계의 바다를 제패한 영국이라지만, 독일
과의 무모한 건함 경쟁은 피곤할 수밖에 없었던 것이다. 하지
만 빌헬름 2세와 티르피츠의 생각은 달랐다. 조금만 더 투자
하면 독일이 영국을 추월할 수 있다고 보았던 것이다.

이는 망상이었다. 제1차 세계 대전이 발발한 1914년 영국
과 독일의 군함 총배수량비는 2.2 대 1이었다. '조금'이 아니
라 '아주 많이' 투자해야만 영국을 좇아갈 수 있었다.

그러나 독일의 이런 추격이 영국의 심기를 건드린 것은 사
실이었고, 실질적인 위협이 되기도 했다. 제1차 세계 대전의

최대 해전으로 불리는 '유틀란트 해전'에서 독일 해군이 보여준 분전을 보면 빌헬름 2세의 투자가 헛되진 않았음을 확인할 수 있다.

이런 격동의 한가운데에서 영국 해군을 이끈 이가 바로 피셔 제독이었다. 그는 독일을 견제하기 위해 두 가지 대책을 내놓았는데, 하나는 영국 해군의 재배치였고, 다른 하나는 드레드노트급의 건조였다.

먼저 영국 해군의 재배치를 보면, 당시 영국의 생명선은 영국—이집트—인도를 잇는 교역 항로였다. 따라서 영국 해군 전력 중 상당수가 인도양과 지중해에 배치된 상태였다. 그러나 점진적으로 증강하고 있는 독일 해군을 견제해야 한다고 생각한 피셔는 이 병력을 일부 빼내 북해 지역에 배치했다. 이 조치에 대해서는 영국 내에서도 이견이 상당했지만, 피셔는 특유의 뚝심으로 이를 밀어붙였다.

다음은 드레드노트급의 건조인데, 범선 시절부터 영국 해군에 복무했던 피셔는 산업혁명의 결과가 어떻게 무기 체계에 이식되는지를 두 눈으로 확인할 수 있었다. 그리고 이런 근대 무기의 발달 앞에서 기존의 전략 패러다임을 바꿔야 한다고 확신하게 되었다. 그 결과물이 바로 드레드노트급이다. 피셔

드레드노트 건조 이전 영국의 주력 전함 중 하나인 로열 소버린

는 식민지 정복에 투입되던 낡은 군함으로는 더 이상 '근대의 전투'를 치를 수 없다고 믿었고, 20세기에 걸맞은 새로운 전략 패러다임과 이를 수행할 수 있는 새로운 형태의 전함이 필요하다고 역설했다.

탄생의 서막

쓰시마 해전에서 일본 해군은 20세기 '근대의 해군'에 하나의 방향을 제시했다. 그때까지만 해도 전함 곳곳에다 달 수 있는 화포란 화포는 모두 달았다. 우리가 아는 거대한 회전포탑은 물론이고, 배 양측뿐 아니라 공간이 남아 있으면 여기저기에 부포를 달았다. 육군으로 치자면 155밀리미터 곡사포부터 시작해 9밀리미터 권총까지, 쏠 수 있는 모든 화포를 장갑차에 죄다 달고 움직인 셈이다.

어찌어찌 포를 모조리 달았다 하더라도 그 '조준'은 어떻게 해야 할까? 포마다 각자 조준을 하고 발사를 해야 할 것이다. 권총의 가늠자와 소총의 가늠자가 다르듯 포도 구경에 따라 조준 방법이 다르다. 결정적으로 같은 목표를 겨눈다 하더라도 포의 사거리가 다르고, 탄도가 다르다. 조준 방법이 다르기에 각자 알아서 조준하고 발사해야만 한다. 이처럼 당시 군함들은 구경이 다른 수많은 포를 함 여기저기에 쌓아놓고는 각자 '알아서' 포를 쐈다. 그렇다 보니 명중률이 낮을 수밖에 없었다.

그런데 쓰시마 해전 당시 일본 해군은 지휘에 맞춰 동시에 발사했던 것이다. 물론 '뻘짓'이었다. 포 구경이 다르고, 탄도가 다른데 같은 사격 제원으로 발사한다고 같은 곳에 착탄할 수 있을까? 바보짓이었다. 그런데 이 바보짓이 영국 해군에게 새로운 아이디어를 건네주었다. '동일한 탄도를 가진 화포 여러 문을 동시에 같은 사격 제원으로 발포하면 일정한 탄착군을 형성하지 않을까?'

별로 쓸모도 없는 각종 부포들을 전함 여기저기에 달아봤자 괜히 공간만 차지하고 화력 면에서도 별 도움이 되지 않는다는 것을 영국 해군도 잘 알고 있었다. 물론 부포의 효용 가치는 있다. "바다에서 꼭 전함만 상대한다는 법은 없다. 적의 경순양함이나 구축함을 상대하기 위해서는 작은 부포가 필요하다"라는 반박이 있었지만, 피셔는 고개를 가로저었다. "전함이 홀로 작전을 나가는 경우는 없다. 호위하는 순양함이나 구축함이 상대하면 된다. 전함은 전함을 상대해야 한다."

결국 이런 생각들이 모여 신형 전함에 대한 요구 조건들이 정리되었다. 이렇게 정리된 요구 조건은 크게 세 가지였다.

첫째, 동일한 탄도를 가진 화포 여러 문을 동시에 같은 사격 제원으로 발포하면 일정한 탄착군을 형성할 것이다. 주포를 단일 구경으로 통일하고 부포를 제거해 늘어난 여유 공간만큼 최대한 많은 주포를 탑재한다.

둘째, 신형 전함이 상정한 표준적인 교전 거리 내의 전투에서 확실한 방어력을 확보한다.

셋째, 증기 터빈을 주 동력 기관으로 탑재해 기존 전함보다 월등히 빠른 고속 성능을 확보한다.

당시로서는 불가능할 것만 같았던 요구 조건이었으나 영국의 산업 기술과 잠재력을 피셔는 믿어 의심치 않았다. 결국 피셔의 막강한 지원을 등에 업고 신예 전함이 탄생했다. 바로 '드레드노트'라는 이름으로.

02

제1차 세계 대전,
뒤바뀐 국제정치 주도권

M2 중기관총이란 화기가 있다. 캘리버 50₅₀ Caliber이라 불리기도 하고, 미국에서는 Browning Machine GunBMG이라는 정식 명칭으로 불린다. 군 생활을 한 남자라면 K-6 중기관총을 생각하면 이해가 빠를 것이다. 우리 군의 K-6는 M2의 복제판이다.

M2는 제1차 세계 대전이 끝난 직후에 만들어졌다. 무려 100년이 다 되어가도록 현역에서 뛰고 있는 물건이다. 군대에서 사용하는 물건과 사회에서 사용하는 물건은 그 수명이 다르다. M2처럼 명품으로 인정받으면 100년 가까이 사용할 수도 있지만, 전술이나 전략의 방향성이 달라지면 지체 없이 폐기되는 것이 바로 '무기'다.

전쟁이란 사람의 목숨을 건 인류 최대의 소비 행위다. 이런

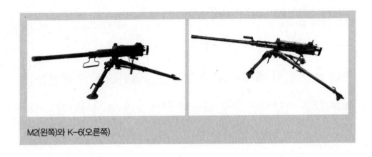
M2(왼쪽)와 K-6(오른쪽)

소비 행위에서 가장 중요한 게 무엇일까? 전장에서 가장 중요한 것은 '생명'이다. 그렇기에 '내가 죽지 않으면서 상대방을 죽일 수 있는 무기'는 무기의 절대 명제다. 그렇기에 시대에 뒤떨어지는 무기, 즉 내 생명을 지킬 수 없고 상대방을 죽일 수 없는 무기는 지체 없이 폐기된다. 내 생명을 담보로 사용할 무기가 아닌가? M2처럼 100년 된 무기라도 그 효용이 인정되면 현역에서 뛸 수 있지만, 어제 만든 무기라도 현대 전장에서 사용하기에 부적합하다고 판정되면 그 즉시 도태되는 것이다.

드레드노트의 등장은 드레드노트 이전에 건조된 수많은 전함을 단번에 '구식' 전함으로 만들어버렸다. 그때까지 피땀 흘려 만든 수많은 전함이 종이배가 된 것이다.

건함 경쟁

근대 해군 간의 제대로 된 최초의 전투였던 쓰시마 해전은 세계 최강을 자랑하던 영국 해군에 많은 교훈을 선사했다.

첫째, 프랑스식 텀블홈tumble home 선체보다 영국식 선체 구조가 속도를 내기에 유리하다. 속도가 빠르면 더 빨리 더 좋은 위치에서 사격을 할 수 있다.

둘째, 양측의 화력이 비슷하다면 결국 그 화력을 견뎌내는

쓰시마 해전에서 침몰하는 러시아 전함

쪽이 이긴다.

셋째, 동일 구경의 화포를 동시에 발사한다면 이론적으로
는 비슷한 탄착군을 형성한다.

이 모든 교훈을 바탕으로 만든 것이 드레드노트였다. 그 당
시만 해도 기술이 미비하여 석탄을 사용할 수밖에 없었지만
최대 속력 21노트, 12인치 주포 10문, 항속 거리 6620해리, 현
측 장갑 최대 280밀리미터에 이르는 이 괴물의 등장은 충격과
공포 그 자체였다. 당시 영국 해군은 드레드노트급 한 척이 그
때까지의 전함 세 척에 버금가는 전력이라고 판단했다.

하지만 영국 정부와 해군 내부에서 드레드노트급은 환영
보다는 우려의 대상이었다. 세계 최강의 전함을 만들어놓고
는 왜 걱정을 했을까? 그 이유는 크게 두 가지로 정리해볼
수 있다.

우선 비용 대비 효과에 대한 의문이 있었다. 기존의 전함을
모두 무용지물로 만들 정도로 대단한 전함이란 소리는 그만
큼 비싼 물건이란 뜻이다. 물론 이 비싼 물건이 제값을 한다면
야 감당할 수 있겠지만, 과연 제값을 할지 해군 내에서도 논란
이 많았다. 특히 문제가 된 점은 드레드노트급의 존재 의의라

고 할 수 있는 '다수의 동일 구경 함포를 이용한 원거리 교전'이 과연 실행 가능한가 하는 점이었다. 일본이 이미 한 차례 시도해봤지만 효과는 없었고, 이를 지켜본 영국 해군의 관전 무관도 이를 실현하기는 어려울 것이란 의견을 보내왔다.

그러나 새로운 개념의 무기 체계가 등장할 때마다 이런 논란과 의구심은 항상 있어왔다. 진짜 문제는 드레드노트급이 영국의 발목을 잡을 수도 있다는 우려였다. 드레드노트급은 기존의 전함들을 한순간에 구식 전함으로 추락시킨 전함이다. 즉, 영국 해군이 엄청난 전략적 우위를 점할 수 있는 엄청난 기회를 잡았다는 뜻이다. 그런데 이는 거꾸로 영국 해군에 엄청난 위기가 도래했다고도 해석할 수 있다. 당시 세계 최강의 해군력을 보유한 나라는 영국이었다. 다시 말해서 '구식 전함'을 가장 많이 보유한 나라가 영국이란 뜻이다. 이제 드레드노트급은 해군력의 새로운 기준이 되었다. 지금껏 피땀 흘려 축적한 해군력은 과거의 이야기가 됐고, 이제부터는 드레드노트급 건함 경쟁을 해야 한다는 의미다. 영국이 드레드노트를 처음 건조했다고 하더라도 곧 다른 나라들이 추격해올 것이 불 보듯 뻔했으므로, 영국은 기존의 우위를 다 버리고 건함 경쟁에 뛰어들 수밖에 없었다.

이런 우려 속에서 드레드노트는 건조됐다. 영국은 '드레드노트급 한 척이면 기존 전함 세 척의 전력이므로, 전함 숫자가 적더라도 충분히 타국 해군을 압도할 수 있을 것'이라고 희망했다. 하지만 이는 착각이었다. 드레드노트의 등장에 전 세계는 경악했지만 한순간이었다. 곧 너 나 할 것 없이 모두가 드레드노트급 건조에 뛰어들면서 전 세계는 때 아닌 건함 경쟁을 벌이기 시작했다. 영국으로서는 생각하기도 싫은 최악의 상황이 벌어진 것이었다.

드레드노트급은 영국의 힘을 상징하는 최신예 전함이기도 했지만, 이를 상대할 타국(특히 독일) 해군에 '기존의 총배수량은 의미 없다. 이제 세계의 바다는 드레드노트라는 새로운 기준으로 통일됐다. 영국 해군을 추월할 절호의 기회다'라는 사인을 보낸 셈이었다. 가뜩이나 국가 경제에 주름을 잡히게 했던 건함 사업이었는데, 이제는 국가 재정을 휘청이게 할 정도까지 간 것이다.

그렇다고 영국 해군이 건함 경쟁에서 빠져나올 수 있는 방법도 없었다. 드레드노트급이 나온 지 몇 년 되지 않아 세계열강은 드레드노트급을 찍어내기 시작했다. 여기에 가장 의욕적이었던 나라가 독일이었다. 이미 빌헬름 2세는 영국 해군을 추월하겠다는 의지를 공공연하게 표명했고, 실제로 이를 실천에 옮기고 있었다.

세계 2위와 3위의 해군력을 가진 나라가 연합해도 이를 능가할 만한 전력을 확보하는 것이 영국 해군의 기본 방침이었기에 그러한 독일 해군의 대두는 불안을 조성하기에 충분했다. 드레드노트라는 새로운 전함이 몰고 온 정치적 파장이었다. 결국 건함 경쟁은 제1차 세계 대전의 원인 중 하나가 되었다.

제1차 세계 대전과 일본

—

모든 전쟁을 끝내는 전쟁이 될 것이다.

— 허버트 조지 웰스Herbert George Wells(영국의 소설가)

1914년 7월 28일 사라예보에 울려 퍼진 한 발의 총성으로 시작된 전쟁에서 4년간 938만 1551명의 병사가 죽고 2314만 3015명의 병사가 부상을 당했다. 그런데 아이러니하게도 당시 거의 모든 유럽인이 전쟁을 환영했다. 산업혁명 이후 쌓아놓은 엄청난 물질문명의 힘을 사용해보고 싶어 했던 것이다. 그들의 기억에는 독일과 프랑스가 맞붙은 보불전쟁이 마지막 전쟁이었는데, 벌써 거의 반백 년 전 일이었다(1870년 7월에 시작해 이듬해 5월에 끝났다).

전쟁에 대한 기억이 엷어져만 가던 그때, 그들은 자신의 힘을 시험해보고 싶었다. 전장의 공포나 근대의 힘을 보여준 러일전쟁의 공포는 안중에도 없었다. 길어봤자 몇 개월 안에 끝날 것이라는 근거 없는 낙관에 빠진 젊은이들은 가벼운 마음으로 전장으로 향하는 기차에 몸을 실었다. 그러나 이러한 낙관은 불과 몇 개월 사이에 절망스러운 비관으로 변해버렸다.

사라예보에서 오스트리아의 대공 프란츠 페르디난트를 죽이는 가브릴로 프린치프를 묘사한 그림

그 사이 가장 기뻐했던 이들이 있었으니, 바로 일본이었다. 제1차 세계 대전이 터졌을 때 일본 정부에서 제일 발 빠르게 움직였던 이가 바로 이노우에 가오루井上馨였다. 초대 외무대신을 역임했던 이노우에는 제1차 세계 대전이 터지자마자 일본의 참전을 독려했다. 그의 상황 판단은 간단명료했다. "아시아에서 열강들의 힘이 빠져나간 이때가 일본의 기회다. 열강이 빠져나간 자리를 일본이 차지해야 한다." 세계열강이 유럽에서의 전쟁에 모든 관심을 쏟은 그때, 일본은 빈집털이를 생각했던 것이다.

일본은 그 생각을 재빠르게 행동으로 옮겼다. 이때 도움이 된 것이 '영일 동맹'이었다. 러일전쟁으로 그 효용성이 떨어진 영일 동맹이었지만 일본에게는 꽤 괜찮은 명분을 제공해주었다. 일본은 1914년 8월 23일 영일 동맹을 명분으로 제1차 세계 대전에 참전하였다. 그리고 곧바로 독일에 선전포고했다.

이후의 행보는 속전속결이었다. 일본 육군은 독일의 조차租借지였던 중국의 칭다오를 점령하고, 일본 해군의 연합 함대는 독일령인 남태평양의 마리아나, 캐롤라인, 마샬 군도 등을 점령했다. 칭다오를 점령함으로써 육군은 산둥성으로 세력을 확대할 수 있었고, 남태평양의 제해권을 확보함으로써 해군은 미국의 태평양 횡단 루트를 차단할 수 있게 됐다. 일본으로서는 손 안 대고 코 푼 격이라고 해야 할까? 이는 시작일 뿐이었다. 세계열강이 참호 안에서 허우적거리던 그때, 일본은 본격적으로 만주 지배의 수순을 밟아나갔다.

유럽 전선이 고착화되던 1915년 1월 18일, 일본은 중국에 21개 조에 달하는 방대한 요구 사항을 전달했다. 이른바 '21개 조 요구'였다. 다음은 그중 몇 가지 조항이다.

- 중국 정부는 독일군이 산둥성에 관한 조약 또는 기타에 의하여 중국에 대해 소유하는 일체의 권리·이익·양여 등의 처분에 관하여 일본국 정부가 독일국 정부와 협의할 일체의 사항을 승인할 것을 약정한다.
- 중국 정부는 산둥성 내 또는 그 연해 일대의 토지 또는 도서를 어떠한 명목으로도 타국에 양여하거나 대여하지 않을 것을 약정한다.
- 두 체약국은 뤼순旅順·다롄大連 조차 기한 및 남만주 및 안펑安奉 양 철도의 기한도 다시 99개년씩 연장할 것을 약정한다.

- 일본국 국민은 남만주 및 동부 내몽고에서 각종 상공업 건물의 건설 및 경작을 위해 필요한 토지의 임차권 또는 소유권을 취득할 수 있다.
- 중국 정부는 중국 연안의 항만 및 도시를 타국에게 양여 하거나 대여하지 않을 것을 약정한다.
- 중앙 정부에 정치, 재정 및 군사 고문으로 유력한 일본 인을 초빙한다.
- 종래에 중일 간에 경찰 사고의 발생이 많았으며 불쾌한 논쟁이 적지 않았으므로 차제에 필요한 지방에 있어서 의 경찰을 중일 합동으로 하든가 또는 이러한 지방에 있 어서의 경찰 관청에 일본인을 초빙하고 또 중국 경찰 기 관의 쇄신 확립을 도모하는 데 힘쓴다.

몇 개 조항만 봐도 이 요구가 불평등을 넘어 가혹한 착취와 수탈을 강제하고 있다는 사실을 확인할 수 있을 것이다. 당연 히 중국 정부는 이 요구를 거절했지만, 일본의 최후통첩을 받 고 이틀이 지난 1915년 5월 9일 결국 수락하고 말았다. 당시 중화민국의 대총통이었던 위안스카이袁世凱는 "중국에 대한 일 본의 행동은 독일이 벨기에에 한 것보다 훨씬 나쁘다"고 하면서도 일본의 요구 조건을 거의 그대로 받아들일 수밖에 없었다. 이는 위안스카이의 정치적 패착이었다.

만약 이때 위안스카이가 21개 조 요구를 거절했다면 중국의 역사는 어떻게 흘러갔을까? 21개 조 요구를 무기력하게 받아들인 위안스카이는 중국 민중의 마음에서 퇴출되었다. 어떻게 봐도 중국의 주권을 유린하는, 중국을 식민지로 만들겠다는 선언이나 다름없는 이 요구 조건을 선선히 받아들인 지도자를 누가 따르겠는가? 위안스카이의 몰락은 여기서 시작되었다. 중국 민중의 반일 감정은 덤이었다. 이는 4년 뒤 5·4 운동으로 분출되었다.

서구의 몰락과 일본의 부상
—

독일의 문화철학자인 오스발트 슈펭글러Oswald Spengler는 자신의 저서 《서구의 몰락》에서 기존 역사학의 패러다임을 뒤흔드는 혁명적인 주장을 내놓았다. 그는 당시의 발전 사관을 부정하고, 역사의 시대 구분이 무의미하다고 했다. 또한 제국주의의 전가의 보도였던 서양 문화의 우월성을 부정하고, 모든 문

오스발트 슈펭글러

화에는 각각 고유한 가치가 있다고 부르짖었다. 니체에게 많은 영향을 받은 슈펭글러의 종말론적 역사관은 파격 그 자체였다. 거대한 전쟁이 끝난 직후 지식인들은 비관주의에 휩싸이게 마련이다. 그런 가운데 슈펭글러는 서구 문명의 몰락을 예언했던 것이다.

슈펭글러의 책은 엄청나게 팔렸다. 1918년, 1922년에 출간된 《서구의 몰락》은 제2차 세계 대전이 막을 내린 1950년에는 무려 140쇄를 찍는 대성공을 거뒀다. 그의 예언은 비관주의에 물든 지식인의 단순한 선언이었을까? 당시 상황을 보면 선언이라기보다는 '현실 분석'에 가까웠다. 모든 전쟁을 끝내기 위한 전쟁이라 불렸던 이 '대전쟁'은 유럽의 열강들을 헤어날 수 없는 늪에 빠뜨렸다. 이제 유럽은 더 이상 세계 문명의 중심이 될 수 없었고, 국제정치의 주도권은 전쟁의 화마를 비껴간 미국과 일본 쪽으로 쏠리기 시작했다.

일본은 제1차 세계 대전 내내 열심히 수출을 했고, 그 결과 채무국에서 채권국이 됐다. 1914년 수출액이 6억 엔에 불과했던 일본은 전쟁 막바지인 1919년에는 21억 엔의 수출액을 자랑했으며, 무역 외 수입도 전쟁 4년 만에 14억 엔의 흑자를 보았다. 러일전쟁의 채무로 허덕이던 일본은 1919년 어느새 27억 엔의 채권국이 돼 있었다.

일본으로서는 제1차 세계 대전의 종전이 아쉬울 수밖에 없었다. 어쨌거나 전쟁은 끝났고, 이제는 남은 이익을 최대한 긁어와야 했다. 제1차 세계 대전 당시 국제정치 무대에서 일본의 존재는 희미했지만, 일본은 엄연한 승전국이었다. 자신의 위치를 잘 알고 있었던 일본은 파리 강화 회의에서 당당히 자신의 권리를 주장했다.

일본의 주장은 간단했다. 세계 대전 당시 일본이 획득한 '권리'의 인정이었다. 즉, 일본이 확보한 산둥성과 남태평양 제도에 대한 권리를 인정받고자 했다. 비록 중국이 반대했지만 일

파리 강화 회의의 주요 사안은 영국, 이탈리아, 프랑스, 미국 등 소위 '빅 포The Big Four'에 의해 결정되었다. 왼쪽부터 영국의 데이비드 로이드 조지, 이탈리아의 비토리오 엠마누엘레 오를란도, 프랑스의 조르주 클레망소, 미국의 우드로 윌슨.

본은 무난히 자신의 권리를 확인받을 수 있었다. 그렇게 일본은 제1차 세계 대전의 최대 수혜국이 되었다.

03

일본의 데모크라시

일본 국민은 바보가 아니었다. 메이지 유신 이후 일본은 '제국'이란 목표를 향해 바쁘게 뛰었고 10년 주기로 전쟁을 치러야 했다. 그 사이 일본 국민은 국가를 위해 피와 땀과 눈물을 바쳤다. 이런 피의 악순환이 언제쯤 끝이 날지 일본 국민도, 그들의 지도자들도 몰랐다. 이 와중에 국민 사이에서 작은 균열이 일어났다. 다이쇼 천황 시절 '민주주의·자유주의 쟁취를 위한 운동'인 다이쇼 데모크라시大正 デモクラシー가 일어난 것이다. 시작은 1911년에 있었던 신해혁명辛亥革命이었다. 그리고 그 끝은 치안유지법이 제정된 1925년이었다.

　신해혁명은 1911년에 중국에서 일어난 혁명이다. 신해혁명은 중국 대륙을 미몽에서 깨어나게 만들었고, 일본에 민주주의의 봄바람을 불게 만들었다. 신해혁명은 간단히 말해 중국

신해혁명 후 난징임시정부의 내각회의 모습. 가운데가 쑨원이다.

역사에서 군주 정치를 몰아낸 혁명이었다. 276년이나 이어온 청나라를 끝장내고, 중국 대륙에서 3000여 년간 당연하게 지속됐던 군주제를 소멸시킨 역사적 사건이다.

변화의 조짐?

—

신해혁명 소식을 접한 일본 군부는 중국 정세가 혼란스러워 졌다면서 이를 중국 침략의 기회로 보았다. 당시 육군대신이었던 우에하라 유사쿠上原勇作는 내각에 "식민지 조선에 육군 2개 사단을 증설해야 한다"고 건의했다. 일본 본토가 아니라 조선에 2개 사단을 창설하자는 것은 깊이 생각해보지 않더라도 그 용도를 추측할 수 있다. 이 안건은 러일전쟁 직후 일본을 지배했다고 해도 과언이 아닌 군부, 그것도 육군대신의 주장이니 무난히 통과될 법했다. 하지만 문제가 하나 있었다. 당시 총리가 사이온지 긴모치西園寺公望였다는 점이다.

사이온지 긴모치의 성격과 식견을 단적으로 보여주는 일화가 하나 있다. "이제 일본은 망할 것이다. 너희들은 다다미 위에서 죽지 못할 각오를 해둬라." 그가 죽기 두 달 전이자 미국과의 관계가 한창 파국으로 치닫던 1940년 9월에 남긴 말이다. 대대로 천황 조정에 봉직한 명문가 화족華族 집안에서 태어난 그는 주변의 눈치를 보는 성격이 아니었다. 줏대 있고 꼬장꼬장한 성격이라고 해야 할까? 그렇다고 앞뒤가 꽉 막힌 보수주의자라고 볼 수도 없는 것이 그는 보수주의자와는 정반대 행보를 보였기 때문이다.

사이온지는 나폴레옹 3세의 등장과 파리 코뮌의 실패가 이어지던 혁명의 시대에 프랑스에서 유학했다. 10년간의 유학 시절 동안 그는 세계정세를 두 눈으로 확인했다. 당연히 자유

사이온지 긴모치

주의와 사회주의를 공부했고, 귀국 후 신문사에 입사해 일본 정부를 비난하는 기사를 썼다. 한마디로 그는 일본 지도층 중에 드물게 깨어 있고 박학다식하며 천황에게도 쓴소리를 마다하지 않는 꼬장꼬장한 인물이었다.

이 사이온지가 우에하라의 '2개 사단 증설안'을 거절했다. "러일전쟁의 전비 때문에 긴축 재정을 하는 마당에 무리하게 군비를 확장할 수는 없다." 상식적인 의견이었다. 하지만 일본 해군과 육군은 무턱대고 함대 증설과 병력 증강을 외치며 사이온지를 압박했다.

어쩌면 사이온지는 러일전쟁의 전비에 발목 잡힌 총리라 할 수 있을 것이다. 그는 1906~1908년(12대)과 1911~1912년 (14대)에 총리를 역임했는데, 12대 총리 시절에는 러일전쟁 전비 조달을 위해 세금을 못 내렸기에 경기 불황이 이어졌고, 그 때문에 사임했다. 역시나 긴축 재정을 해야 했던 14대 총리 시절에는 육군대신인 우에하라의 몽니 때문에 내각 총사퇴를 해야 했다.

당시 일본 군부는 '군부대신 현역 무관제'였다. 즉, 현역 장군이 군부대신을 해야 했다. 만약 군부대신이 내각에 선출되지 않으면 내각은 총사퇴할 수밖에 없었다. 당시 우에하라는 2개 사단 증설이 좌절되자 천황에게 후임자를 추천하지 않고 단독으로 사직서를 제출했다. 그에 따라 사이온지 내각은 총사퇴할 수밖에 없었다. 이런 사이온지의 뒤를 이은 이가 바로 가쓰라 다로桂太郎 총리다. 가쓰라-태프트 밀약의 주인공인 그 역시 군인 출신이다.

이렇게 군부의 입맛에 맞게 돌아가는 정치판을 보며 일본 국민은 염증을 느끼기 시작했다. 국민은 벌족 타파와 헌정 옹호를 외쳤고, 혁명의 분위기가 스멀스멀 올라왔다. 이런 움직임을 감지한 일본 정부도 군부대신 현역 무관제를 폐지하며 군부의 영향력을 약화시키려고 했는데 이때 덜컥 '방산 비리'

가 터졌다. 일본 역사 교과서에도 나오는 '지멘스Siemens AG 사건'이 터진 것이다.

지멘스 사건

—

드레드노트급의 등장은 전 세계 해군 관계자들을 충격과 공포로 몰아넣었다. 충격에서 겨우 빠져나온 그들은 "우리도 드레드노트급을 확보하자!"며 나섰다. 문제는 기술이었다. 비스마르크가 재상으로 있던 시절부터 "식민지 대신 화학"이란 구호를 외쳤던 독일은 당대 최강의 과학 기술력을 보유했던 터라 드레드노트급을 생산하는 데 큰 무리가 없었다. 문제는 일본이었다.

러일 해전 직후에 88함대 건설이라는 장대한 프로젝트를 내놓은 일본이었지만 현실은 녹록치 않았다. 우선 예산이 뒷받침되지 않았고(88함대 예산은 1906년 내각에서 부결됐다) 예산이 지원되더라도 이를 만들어낼 기술이 없었다. 1910년 결국해군의 예산이 통과되었지만 일본은 드레드노트를 만들 기술력이 없었다(이후 전 세계 해군 관계자들을 공황 상태에 빠뜨린 순양전함 인빈시블HMS Invincible도 마찬가지였다). 결국 일본은 영국에 주문을 했다.

일본은 영국의 비커스Vickers에 순양전함 라이언HMS Lion급 4척의 제작을 주문했다. 제작 방식은 1번함은 영국에서 건조하고 (그 유명한 공고金剛), 2번함은 설계도를 바탕으로 일본 국내에서 조립 생산하며(히에이比叡), 3번함(하루나榛名)과 4번함(기리시마霧島)은 일본에서 라이선스 방식으로 생산하는 것으로 가닥을 잡았다. 여담으로, 3번함을 제작하던 가와사키 조선소의 책임자가 시운전 날짜를 겨우 며칠 못 맞췄다고 할복하는 일도 있었다.

여기까지만 보면 일본 해군의 건실한 건함 계획처럼 보이지

전함 공고

만, 여기에는 부정한 뒷거래가 숨어 있었다. 이야기는 1913년 10월 17일 독일의 지멘스사 직원인 카를 리히터Karl Richter가 지멘스 도쿄의 지사장에게 협박 편지를 보내며 시작되었다. "지멘스 요코하마 지배인의 조카가 일본 해군 조선 감독관의 아내란 점을 이용해 사전에 해군 입찰 정보를 입수했고, (빅커스, 암스트롱 등의) 경쟁사를 제치고 입찰에 성공한 것을 알고 있다. 입찰의 대가로 일본 해군에 매출 이익의 15퍼센트를 건넨 것도 알고 있다."

리히터는 이 '정보'를 가지고 회사를 협박했는데 도쿄 지멘스는 그에 응하지 않았다. 화가 난 리히터는 관련 서류 일체를 로이터 통신 도쿄 특파원이었던 앤드루 풀리Andrew Pooley에게 팔아넘겼다. 그리고 앤드루 풀리는 지멘스에 이 기사를 5만 엔에 되팔았다. 지멘스는 회수한 관련 서류를 소각하면서 이 야기를 일단락 지었지만, 사건은 엉뚱한 곳에서 불거졌다. 당시 총리였던 야마모토 곤베에山本 權兵衛의 해군 강화 정책에 반감을 품은 야마가타 아리토모山縣有朋(일본 군국주의의 아버지이자 일본의 국가 성격을 완성한 인물. 3대 총리를 지냈다)가 독일 정부에 이 사실을 전달한 것이다. 결국 리히터는 독일에서 체포돼 재판을 받았는데, 이때부터 일본 해군의 '지옥'이 열렸다.

처음에는 단순히 해군의 통신 장비 비리 스캔들인 줄 알았는데 파고들어가다 보니 그 실체가 어마어마하게 컸다. 일본 해군은 리베이트를 관리하기 위해 런던 은행에 영국인 명의의 차명 계좌까지 만들어놓고 본격적으로 상납을 받고 있었다(이는 해군만 탓할 게 아니다. 당시 일본 육군도 이를 관례처럼 생각하고 마음껏 뇌물을 받았다). 일본 해군이 장차전을 위해 구입한 공고金剛에도 비리의 얼룩이 묻어 있었다. 빅커스는 공고의 수주를 위해 일본 해군 지도부에 뇌물을 뿌렸고, 빅커스의 일본 내 영업을 총괄했던 미쓰이三井 물산은 뇌물을 보전하기 위해 공고의 판매 대행 수수료를 2.5퍼센트에서 5퍼센트로 인상했다. 당연히 그 비용은 고스란히 일본 국민의 호주머니에서 나왔다.

일본 국민은 분노했다. 국가 예산의 30퍼센트 이상을 건함 사업에 쏟아붓느라 일본 국민은 허리가 휘었다. 세금을 감당하지 못해 딸을 팔고 가족을 버리는 상황에서 이런 비리가 터져 나왔으니 그 기분이 어땠을까? 일본 국민은 도쿄 히비야 공원에 모여들었다. 화가 난 이들은 국회의사당으로 쳐들어가 국회 경비원들과 충돌하기도 했다.

일본 해군의 야심 찬 건함 계획은 주춤할 수밖에 없었고, 군

국회의사당에 난입하는 일본 국민

부는 유화적인 제스처를 취해야 했다. 일본 국민은 메이지 유신 이후 처음으로 '민주주의'에 대해 생각하게 되었다(이는 일본이 조선의 통치 방식을 무단 통치에서 '문화' 통치로 바꾸는 계기가 되기도 했다).

그런데 왜 '다이쇼 민주주의民主主義'가 아니라 '다이쇼 데모크라시デモクラシー'라고 했을까?

민주주의란 '국가의 주권이 국민에게 있다'는 뜻이다. 하지만 당시 일본의 주권은 천황에게만 있었다. '천황기관설天皇機關說'이란 말을 들어본 적이 있는가? 일본의 헌법학자였던 미노베 다쓰키치美濃部達吉가 독일 게오르그 옐리네크Georg Jellinek의 국가법인설에 기초하여 제시한 헌법 이론으로, 기존의 천황주권설이 왕권신수설의 일본판이라는 한계를 극복하기 위해 내놓은 것이다. 간단히 말하자면, 천황을 국가 최고 기관으로 설정한 것이다. 국가법인설이 인민주권론에 대응해 군주주권론을 옹호하기 위해 등장한 이론이란 점을 생각해보면 천황기관설의 목적을 쉽게 이해할 수 있다. "통치권을 행하는 최고 권한인 주권은 천황이 갖는다."

천황기관설은 1912년에 최초로 등장했다. 중국에서 신해혁명으로 군주제를 폐지한 그때, 일본은 왕권신수설을 보완하겠다고 나섰다(엄밀히 말하자면 '대체'겠지만). 이런 상황에서 일본 국민들은 민주주의란 말을 쓸 수 없어 '데모크라시'라고 에둘러 말했다. 일본 국민은 이렇게 자신들의 자유와 인권, 민주주의를 위한 첫 번째 발걸음을 뗐다.

짧았던 다이쇼 데모크라시
—

다이쇼 데모크라시의 생명은 겨우 10여 년이었다. 신해혁명으로 시작해 지멘스 사건으로 불이 붙었던 짧은 '도쿄의 봄'은

1925년 치안유지법이 등장하며 막을 내렸다. 1925년 5월 12일 발효된 치안유치법은 1945년 10월 15일 연합군 최고사령부령으로 폐지되기 전까지 20여 년간 7만 5000명을 고문하고 처형한 악법이었다.

신해혁명으로 군주제를 버린 중국과 제1차 세계 대전 중 볼셰비키 혁명으로 차르를 몰아낸 러시아의 영향으로 일본 내에서도 군주제를 부정하는 기류가 서서히 싹트기 시작했다. 그리고 공화제 운동과 공산주의 운동이 뒤이어 등장했다. 중국과 러시아의 예를 봤을 때 당연한 수순이었다. 긴장한 일본 정부와 군부는 천황제를 굳건히 지키기 위해 치안유지법을 만들었다. 재미난 사실은 이 치안유지법이 우리나라 '국가보안법'의 모태가 된 법이라는 사실이다. 이 두 법의 공통점은 민주주의를 부정한다는 것이다.

간단히 말해 치안유지법은 천황제를 부정하거나 반대하는 이들을 단속하고 처벌하는 법이었다. 천황을 옆에 끼고 있어야지만 방해받지 않고 전쟁을 치를 수 있었던 군부로서는 천황제는 목숨 걸고 지켜야 할 제도였다. 천황기관설이 아니라 국민주권론이 득세해 민주주의 체제로 이행한다면 군부가 내각의 통제 밖에서 제멋대로 움직일 수 없고 마음대로 전쟁을 할 수 없기 때문이었다.

그리하여 일본 군부와 정부는 치안유지법을 만들어 공화주의자와 공산주의자들을 색출해 처단했다. 역사에 만약이란 없지만, 만약 그때 일본 국민이 '데모크라시'가 아니라 '민주주의'란 말을 쓰고, 천황이 아니라 국민에게 주권이 돌아갔다면 일본은 태평양전쟁을 일으키지 않았을지도 모른다.

최악의 대통령,
최고의 조약을 성사시키다

전쟁사학자들은 제1차 세계 대전의 원인 중 하나로 '건함 경쟁'을 꼽는다. 독일 황제 빌헬름 2세가 야심 차게 키워낸 제국해군Kaiserliche Marine이 영국의 대영해군Royal Navy을 압박했고, 둘 간의 격차가 점점 줄어들자 결국 전쟁을 선택할 수밖에 없었다는 것이다.

"바다를 지배하는 자 세계를 지배한다"는 말이 상식으로 통용되던 시절, 해군 건설은 곧 해외 투사력의 확보였다. 그 당시 대영해군은 400년간 세계 최강을 자랑하며 세계의 바다를 누볐다. 이 강력한 해군을 기반으로 영국은 '해가 지지 않는 나라'를 건설할 수 있었다.

군사력은 단순히 '국방'만의 문제가 아니다. 제1차 세계 대전 직전 영국과 독일은 자신만의 '국가 전략'을 가지고 군사력

모든 대륙에 식민지를 가지고 있었던 영국

을 육성했다. 이처럼 국가 전략을 기반으로 군사력을 확보하고, 이 군사력을 기반으로 국가의 목표를 설정해야지, 덮어놓고 좋은 무기를 사고 남이 사기 때문에 우리도 그 무기를 사는 것이 능사가 아니다.

해군에 대한 독일의 투자는 집요하고 치열했다. 육군 강국이던 독일은 어느덧 세계 2위의 해군 강국이 됐다. 영국과는 총배수량비에서 2.2 대 1의 차이를 보였지만, 전 세계에 식민지를 보유하고 있는 영국은 교역 항로를 지키기 위한 병력을 차출해야 했기에 독일로서는 해볼 만한 승부였다. 아울러 독일이 다른 해군 강국을 동맹으로 끌어들인다면 승부는 예측하기 어려워질 것이었다. 만에 하나 독일이 영국과의 일전에서 승리한다면 세계의 패권 판도는 미궁으로 빠져들 수밖에 없었다.

독일의 건함 사업은 영국의 세계 패권에 대한 도전이었다. 독일이란 도전자의 등장에 챔피언은 건함 경쟁에 뛰어들 수밖에 없었다. 보통 이런 경우 챔피언은 가장 쉽고 안전한 길을 찾게 마련이다. "도전자가 태세를 갖추기 전, 내가 아직 우위에 있을 때 공격한다." 그래서 건함 경쟁은 전쟁으로 이어진다.

미국이 움직이다
—

제1차 세계 대전이 끝난 뒤 세계는 새로운 강자를 목도하게 되었다. 그동안 국제 사회의 절대 강자였던 영국은 쇠락의 징조를 보였고, 신흥 강자였던 독일은 몰락의 길을 걷게 됐다. 승자였지만 프랑스 역시 깊은 상처 속에 신음해야 했다. 제국의 몰락이라고 해야 할까? 그동안 세계사의 중심에 서 있던 유럽이 몰락한 것이다. 그 빈자리를 치고 올라온 것이 신세계의 두 나라, 미국과 일본이었다.

제1차 세계 대전 당시 솜 전투 포격전의 여파로 파괴된 마을

　이 두 나라는 제1차 세계 대전에서 별다른 피해를 보지 않
았고(미국은 1917년이 돼서야 참전했고, 일본은 아예 유럽 전선에 얼
굴도 비치지 않았다) 전쟁 기간 내내 비약적인 경제 성장을 이룩
했다. 누군가가 피를 흘리면 누군가는 돈을 번다는 사실을 입
증한 시간이었다.

　문제는 그다음이다. 전통의 강자들이 몰락한 상황에서 새
로운 강자로 떠오른 이들은 저마다의 계산속을 가지고 향후
의 국제 체제를 고민하게 마련이다. 미국과 일본은 국제 사회
에서 자신들이 어떤 역할을 맡아야 할지 고민했다. 패권 국가
로 나아가기 위해서는 뭘 해야 할까? 가장 먼저 준비해야 할
것이 바로 '군사력 확충'이었다. 본디 외교란 무력을 기반으로
할 때 그 효용성을 인정받을 수 있다. 무력의 기반이 없는 외
교란 한낱 술자리 푸념만 못하다.

여기서 주목해야 할 나라가 미국이다. 우리는 제1차 세계 대전과 그 직후의 미국을 '순진하고 생각 없는 덩치 큰 동네 형'으로 생각하는 경향이 있는데 (일부는 맞는 말이지만) 아예 생각이 없는 나라는 아니었다. 아니, 자신의 부족한 부분을 재빨리 확인하고, 이를 개선하려는 의지와 행동력을 갖춘 '무서운 형'이었다.

제1차 세계 대전 당시 대규모 파병을 통해 국제사회에 화려하게 데뷔한 미국은 이내 자신들의 한계를 확인하게 되었다. 제대로 된 기관총이 없어 다른 나라에서 기관총을 빌려와야 할 정도로 미국의 군비는 형편없었다. 막강한 자원, 엄청난 인구, 누구나 인정하는 폭발적인 잠재력이 있었지만 국제사회에서 미국은 아직 첫발을 뗀 어린아이일 뿐이었다.

제1차 세계 대전 이후 미국은 이를 해결하기 위한 방법을 찾기 시작했다. 그중 첫머리에 오른 방안이 '건함 계획'이었다. 세계의 패권은 바다에서 찾아야 하건만 그때까지 미 해군의 규모는 열강의 해군이라 보기에는 많이 부족했다. 1916년 미 해군은 8척의 주력함을 건조하겠다는 계획을 내놓았다. 그러나 이 계획은 2년 후 폐기되었다. "8척으로 부족하다. 최소한 28척은 있어야 한다!" 국력에 걸맞은 군사력을 주장한 것이었다지만 누가 봐도 패권을 염두에 둔 포석이었다. 하지만 상식적인 미 의회는 이 28척 건함 계획을 거부했다. "지금 예산으로는 28척 건조는 어렵다. 16척으로 계획을 축소하라."

결국 16척으로 축소됐지만, 그 정도면 당대 어떤 강대국 해군과 붙어도 주눅 들지 않을 수준이었다. 비록 주력함 건조 계획은 12척이 축소됐지만 해군 법령에 따라 미 해군은 1919년 7월까지 156척의 각종 군함을 건조하기로 했기에 제1차 세계대전 직전 독일 제국해군의 위상을 뛰어넘을 수 있었다. 그럼에도 미 해군은 불안해했고, 전력 확충을 위해 머리를 쥐어뜯었다. 왜 그랬을까?

당시 미국은 영일 동맹을 두려워하고 있었다. 미국이란 나라는 신이 내려준 최고의 입지에 건국한 나라다. 인접 국가인 캐나다와 멕시코는 미국의 상대가 되지 않았고, 결정적으로 둘 다 미국 편이었다. 물론 멕시코와 작은 분쟁이 있었고, 캐나다도 '미친 척하고' 미국 침공을 계획한 적이 있었지만, 어디까지나 소소한 뒷이야기일 뿐 국제정치적으로 봤을 때 이들은 미국과 함께 가야 할 국가들이다. 설사 전쟁이 난다 하더라도 가뿐히 이들을 제압할 실력을 갖춘 게 미국이다.

미국을 공격할 만한 힘이 있는 국가들은 대서양과 태평양

밖에 있었다. 미국을 침공하려면 먼저 대서양과 태평양이란 벽을 넘어야 했다. 그러나 제1차 세계 대전 이후 이야기가 달라졌다. 세계의 강자로 급부상한 미국에 대적할 만한 힘을 지닌 두 국가가 대서양과 태평양 밖에서 기다리고 있었다. 그 둘은 모두 섬나라였고 해군 강국이었다. 만약 이들이 러일전쟁 때처럼 힘을 합쳐 대서양과 태평양에서 밀고 들어온다면 미국으로서는 곤혹스러운 상황에 처할 수밖에 없었다.

물론 망상일 수도 있다. 그러나 미국은 이 최악의 상황을 염두에 두고 해군력 확충에 나섰다.

모든 걸 쥐어짜낸 일본,
더 쥐어짜낼 게 없던 영국
—

러일전쟁으로 나락에 떨어진 일본 경제를 살린 것은 아이러니하게도 제1차 세계 대전이었다. 경제 불황과 긴축 재정에 허덕이던 일본 정부에게 유럽에서의 전쟁은 그야말로 복음 같은 소식이었다. 그리고 그 복음이 군부에게는 기회였다. 메이지 유신 이후 계속되던 일본 군부의 팽창을 가로막은 유일한 장애물이 바로 돈이었는데, 그 돈이 돌기 시작한 것이다. 일본 해군은 러일전쟁 직후에 세웠던 88함대 계획을 다시 들고 나왔다.

전함 8척, 장갑순양함 8척으로 구성된 함대를 건설하겠다는 이 야심 찬 계획 앞에 일본 정부는 망연자실할 수밖에 없었다. 러일전쟁의 상처를 이제야 복구하나 싶었는데, 일본 군부는 다시 전쟁을 준비하려는 것이었다. 물론 그 당시 일본 재정 상황으로 불가능한 일은 아니었다. 그러나 거기에는 단서가 하나 붙어야 했다. "쥐어짤 수 있는 모든 걸 쥐어짜내야 한다." 1921년 '워싱턴 해군 군축 조약'이 체결되기 직전 해에는 일본 국가 예산의 32퍼센트가 전함을 찍어내기 위해 투입되었다.

미국을 적국으로 상정한 일본, 그리고 동맹을 맺은 영국과 일본이 대서양과 태평양에서 동시에 공격해올 것이라며 해군력을 확충하는 미국. 이 둘 사이에서 영국은 난감해했다. 세계 대전이란 급한 불은 껐으나 영국의 상황은 심각했다. 4년간의 제1차 세계 대전으로 국가 재정이 피폐해져 기존의 함대를 유지하는 것조차 버거운데 미국과 일본이 건함 경쟁을 벌이고 있으니 영국으로서는 골머리를 앓을 수밖에 없었다.

"팍스 브리타니카가 건재하다는 것을 보여주기 위해서는 건함 경쟁에 뛰어들어야 한다. 그러나 지금 영국은 기존의 함대도 축소해야 하는 상황이다. 제국은 이제 낙조가 드리우기 시작했다."

당시 영국의 상황은 전쟁 시절보다 나아진 게 없었다. 아니, 국제정치학적으로 보자면 전쟁 당시보다 더 나빠졌다. 독일이라는 공동의 적이 사라진 이후 유럽 대륙은 전쟁 전의 이해관계로 되돌아갔다. 프랑스는 친구라기보다 숙적에 가까웠고, 이탈리아는 지중해 내에서의 발언권을 높이겠다며 영국의 옆구리를 찌르기 시작했다(지금도 이탈리아는 지중해 안에서는 패권 국가로 인정받기 위함인지 적극적으로 개입한다). 숙적이라 할 수 있는 독일이 무너지긴 했지만 상처뿐인 영광이었다.

지구 반 바퀴 저편에 있는 일본은 러시아가 무너진 뒤로는 그 효용이 모호한 '친구 아닌 친구' 같은 존재였다. 그레이트 게임을 펼칠 때만 해도 체스판 위의 말에 불과했던 일본은 자신의 목소리를 내기 시작했고, 어느새 제국의 반열에 올라섰다. 이제 영일 동맹은 유명무실해졌다.

이런 상황에서 대서양 건너편에서는 미국이 급부상했다. 거대한 영토, 풍부한 자원, 엄청난 인구. 게다가 젊었다. 젊은 국가 미국은 활기차게 성장하고 있었다. 미국은 세계 대전을 통해 자신의 잠재력을 확인했고, 영국으로서는 긴장할 수밖에 없었다. 지켜야 할 식민지는 그대로인데 강력한 라이벌이 등장한 것이다. 더군다나 이 라이벌은 수십 척의 전함을 찍어내겠다고 벼르고 있었다. 영국으로서는 이 무식한 라이벌을 진정시켜야 했다. 경쟁에 뛰어든다면 영국은 망할 수밖에 없었다. 그건 자명한 사실이었다. 그렇다면 서로 경쟁하지 않는 쪽으로 방향을 틀어야 했다. 이런 고민을 하던 순간, 낭보가 날아들었다.

순진한, 너무도 순진한 미국

—

제1차 세계 대전 최고의 수혜자였던 미국. 이때까지 미국은 순진하기만 했다. 이상주의에 빠져 있던 미국은 모략과 음모가 횡행하는 국제정치의 한가운데에서도 자신의 순수성을 지켰다. 베르사유 조약 1조가 그 증거이다. 우드로 윌슨Woodrow Wilson은 평화 원칙을 말하며 국제연맹의 창설을 주장했다. 웃기는 건 미국의 주도하에 만든 국제연맹에 정작 미국은 참여하지 않았다는 점이다. 미 상원에서 먼로 독트린Monroe Doctrine ("유럽 일은 유럽이 알아서 해라. 다만 아메리카는 건들지 마라!")을 이유로 국제연맹 참여를 거부했던 것이다.

듣기에는 좋은 '민족자결주의'와 '국제연맹'. 윌슨 개인의 이상주의였다고 폄하해야 할까? 하지만 고립주의는 미국 외교 정책의 기본 방침이었다. 윌슨의 뒤를 이은, 미국 역사상 최악의 대통령으로 손꼽히는 워런 하딩Warren Gamaliel Harding이 1920년대 초반 미국의 대통령이었다는 점은 국제정치학적으로 보자면 축복이었다.

"전 대통령직에 적합하지 않은 사람이며 이 직책을 맡지 않았어야 했습니다." 하딩이 친구인 컬럼비아 대학 총장 버틀러 Nicholas Murray Butler에게 보낸 편지에 쓴 말이다. 하딩은 뇌물 사건과 수많은 스캔들(백악관에서 바람피우다 걸린 게 한두 번이 아니다)에 연루되었을 뿐 아니라 금주법의 한가운데서 대담하게 백악관에서 술판을 벌이기도 했고, 대공황을 막을 기회를 멍청하게 날려버리는 등 수많은 실책을 했다. 아니, 실책이 아니었다. 그의 국정 운영 기본 방침은 '아무것도 안 하는 것'이었다. 그런 그가 대통령의 자리에 오른 게 신기하지만, 그의 대외 정책만은 인정해야 한다.

하딩은 전통적인 고립주의 노선을 지지했고, 제1차 세계 대전과 같은 전쟁에 다시는 끼어들 생각이 없었다(이는 그의 공약이기도 했다). 이런 상황에서 전쟁의 단초가 되는 건함 경쟁을 묵과할 수만은 없었다. 아이러니하게도 미국 역사상 최악의 대통령이 인류 역사상 가장 성공적인 군축 조약을 성사시킨 셈이다. 역사의 의외성이라고 해야 할까? 하딩은 세계 평화를 위한 워싱턴 회의를 선언하고 열강들을 불러 모았다.

05

각자의 계산 I

제1차 세계 대전이 끝난 뒤 국제정치에는 명확한 방향이 생겼다. '대서양에서 태평양으로.' 이제 세계를 움직이는 힘은 대서양의 유럽이 아니라 태평양의 미국과 일본으로 옮겨가고 있었다. 이미 미국과 일본은 누구도 부인할 수 없는 열강이 됐고, 이들은 세계 5대 강국에 당당히 이름을 올렸다.

　문제는 미국과 일본이 서로를 '적국'으로 상정해놓고 서로 노려보고 있었다는 점이다. 하지만 그때도 그렇고 지금도 그렇고 둘의 힘 차이는 엄청나다. 미국의 상대가 되지 못한 일본은 결국 미국의 초대에 응했다.

하나의 목적 아래 뭉치다

—

"우리도 전함을 만들지 않고 다른 나라도 전함을 만들지 않는 다면 건함 경쟁이 일어날 이유는 없을 것이다. 건함 경쟁이 없 다면 전쟁은 일어나지 않을 것이고, 전 세계는 평화로워질 것 이다."

하딩 대통령의 순진한 생각이다. 국제정치에서 이런 순진한 생각은 망상에 가깝다. 국제정치의 절대적이며 유일한 논리 는 '힘'이기 때문이다. 그런데 놀랍게도 이 망상이 현실이 되 었다. 어쩌면 워싱턴 회의는 '힘'과 '균형'이 절묘하게 맞아떨 어진 성공적인 정치라고 할 수 있을 것이다. 비록 시작은 어설 픈 이상주의였지만 타이밍이 기가 막혔다.

미국과 영국, 일본에는 각자의 셈법과 사정이 있었는데, 이 사정이 절묘하게 맞아떨어진 것이다. 미국은 무리를 좀 한다 면 건함 경쟁에서 주도권을 쥘 수 있는 힘과 능력이 있었지만, 건국 이래로 고수해온 고립주의 노선을 지켜야 한다는 명분 이 있었다.

하딩이 대통령 선거 당시 내놓은 공약인 '정상 정치로의 복 귀'는 제1차 세계 대전 당시 유럽 전쟁에 뛰어든 우드로 윌슨

워런 하딩

의 정치를 '비정상'으로 보고 한 말이었다. 하딩은 일시적인 비정상을 해소하고, 하루빨리 미국을 예전의 '정상적인' 모습으로 바꿔놓아야 한다고 생각했다. 미국은 국제사회에 개입해서도, 전쟁에 뛰어들어서도 안 된다고 말이다.

영국으로서는 '울고 싶은데 뺨 때려준' 셈이었다. 제1차 세계 대전의 여파로 재정은 파탄 직전이었고, 기존 함대를 유지하기에도 버거웠다. 이런 상황에서 건함 경쟁에 뛰어드는 것은 무리였다. 패권을 포기하고 국제사회의 2선으로 물러나는 것도 하나의 방법이지만 대영제국의 자존심을 쉽게 내려놓을 수 없었다. 이때 날아온 미국의 제안은 복음과도 같았다. 지켜야 할 식민지는 그대로인데 재정은 파탄 나고 건함 경쟁에 뛰어들 여력도 없는 상황에서 대영제국의 자존심을 지켜줄 기회가 찾아온 것이다.

미국과 영국이 각자의 계산과 생각으로 '워싱턴 체제'에 참여하려고 하던 때 일본은 이 둘과 달리 복잡한 셈을 하고 있었다. 만약 워싱턴 해군 군축 조약을 1922년이 아니라 1925년 이후에 제안받았다면 어땠을까? 혹은 그 이전, 그러니까 다이쇼 데모크라시 이전에 제안받았다면 일본은 거절하거나 거절은 아니더라도 강경하게 협상에 임했을 것이다.

하지만 그때는 다이쇼 데모크라시가 일어난 후였다. 일본인

워싱턴 조약에 찬성했던 당시 일본 총리 하라 다카시

들은 민주주의의 훈풍을 맞고 있었고, 일본 정부도 이전까지 와는 달리 최대한 군부의 입김에서 벗어나려고 노력했다. 이 때 워싱턴 회의 제안은 가뭄에 단비와도 같았다. "국가 재정의 32퍼센트를 차지하는 건함 예산을 줄일 수 있다!" 재정 건전화를 위한 희소식이었다. 단순히 돈 문제가 아니었다. 메이지 유신 이후로 확대일로를 걸어온 일본 군부의 움직임에 제동을 걸 수 있는 절호의 기회였다. 내각을 압박해 예산을 뽑아내고, 군비를 확충해 전쟁에 뛰어들고, 전쟁의 발발과 승리로 발언권을 높여 내각을 장악하거나 압박하는 악순환을 끊어낼 수 있는 기회였다.

결국 군부와 내각 간에 미묘한 생각의 차이가 있는 상황에서 일본은 군축 회담에 참여하기로 결정했다.

영일 동맹의 위기

—

미국은 일본을 싫어했다. 러일전쟁 직후 만주와 중국에 대한 일본의 행태에 미국은 예민하게 반응했고, 이후에도 계속 불만을 쌓아나갔다. 이제 세계 패권은 대서양을 떠나 태평양으로 향하고 있었고, 태평양에서 패권을 쥐고 있는 열강은 미국과 일본이었다. 한 우리에 맹수 두 마리가 들어가 있다면 서열 정리를 해야 하지 않겠는가? 아시아의 새로운 질서를 미국과 일본이 결정짓는 상황이 도래했다. 물론 누가 봐도 미국이 일본보다 우위에 있었지만, 미국이 일본을 불편해하고 있다면 상황 정리가 필요했다.

워싱턴 해군 군축 회담에 앞서 미국은 일본에 몇 가지 전제 조건을 내걸었다. 크게 두 가지로 압축해볼 수 있는데, 하나는

워싱턴 해군 군축 회담

일본이 제1차 세계 대전 중 획득한 영토에 대한 조정이었다. "만주에서 일본의 기득권은 어느 정도 인정한다. 그러나 21개조 요구로 획득한 산둥성의 철도와 구독일령 조차지는 중국에 반환해야 한다." 일본으로서는 억울한 이야기지만, 현실적으로 힘의 논리를 부정할 수는 없었다. 불과 10여 년 전만 해도 영국의 손에 있던 세계의 패권이 이제 미국으로 넘어가려는 상황이었고, 일본은 그 사실을 잘 알고 있었다.

두 번째 전제 조건은 미국의 안보와 직결된 문제로, '영일 동맹의 파기'였다. 이는 워싱턴 해군 군축 조약의 성립 조건이자 핵심 사안이었다. 미국은 영국과 일본이 손잡고 대서양과 태평양에서 동시에 쳐들어오는 최악의 상황을 걱정하고 있었다. 지금의 시각으로는 말도 안 되는 소리지만 당시에는 꽤 현실적이고 심각한 일이었다. 미국이 받았던 압박은 상상을 초월할 정도로 강했다. 미국이 예민했다고 볼 수만은 없는 것이, 제2차 영일 동맹 때까지만 하더라도 미국이 어느 정도 수긍할 수 있는 협약이었다. 러시아를 견제해야 하는 영국과 러시아를 넘어야지만 조선과 만주로 향할 수 있는 일본이 서로 간의 필요에 의해 맺은 동맹이었기 때문이다. 제2차 영일 동맹 성립 시기도 러일전쟁이 거의 끝나가던 1905년 8월 12일이었기에 형식상·외교상으로도 무난했다.

문제는 제3차 영일 동맹이었다. 시대가 바뀌었다. 제2차 영일 동맹까지만 하더라도 '극동에서의 대對 러시아 방어책'이라는 생각으로 호의적인 태도를 보였던 미국이지만 러일전쟁에서 승리한 일본의 행보가 미국의 심사를 뒤틀리게 했다. 만주에 대한 미국의 속내를 아는지 모르는지 일본은 본격적으로 만주를 점령할 태세를 보였고, 일본은 어느새 '제국주의의 막차를 탄 열강'이 돼 있었다. 고양이인 줄 알았던 일본이 호랑이 흉내를 내기 시작했다. 일본은 하루가 다르게 군비를 확충했고, 어느새 미국을 가상 적국으로 상정해 해군을 증강하고 있었다.

이런 상황에서 미국은 영일 동맹의 다음 조건이 신경 쓰였다. "타방이 제3국과 교전한 경우에는 즉시 참전의 의무를 진다." 여기서 제3국은 누구일까? 제2차 영일 동맹까지 제3국은 러시아였지만 이게 미국이 되지 말란 법은 없다. 1911년 7월 13일에 성립된 제3차 영일 동맹을 보며 미국은 인상을 찌푸릴 수밖에 없었다.

그렇다고 영국이 미국에 대한 배려를 잊은 건 아니었다. 예의 '제3국'에서 미국을 사실상 제외시켰고, 동맹의 목표를 러시아에서 독일로 바꿔버렸다(이런 사실 때문에 제1차 세계 대전 때 일본이 참전할 수 있는 근거가 된 것이다). 사실 영국 입장에서는 영일 동맹의 국제정치적 효용이 다 됐다고 할 수 있었다. 제1, 2차 영일 동맹 당시 영국의 적이었던 러시아는 러일전쟁과 러시아 혁명으로 인해 더 이상 국제무대로 나오기 힘들어 보였고, 제3차 영일 동맹 당시 영국의 적이었던 독일은 이미 무릎을 꿇은 상황이었다.

만약 제1차 세계 대전 당시 일본이 '동맹국'답게 영국을 도왔더라면 영국도 '의리'를 고민했을지 모른다. 하지만 일본은 유럽 본토로의 참전은 회피한 채 아시아에서 자신의 이권을 확보하는 데 급급했다. 남의 불행을 자신의 기회로 생각하는 사람 앞에서 '의리'를 논할 사람은 없을 것이다. 게다가 이미 재정 파탄 일보 직전까지 몰린 영국으로서는 전쟁 국가 일본이 저지를 애꿎은 전쟁에 휘말리게 될 싹을 하루빨리 제거하는 편이 좋았다.

영국에게 영일 동맹은 더 이상 효용 가치가 없었다. 그럼 일본은 어떠했을까?

일본이 제국주의로 갈 수 있었던 열쇠, 영일 동맹

영일 동맹이 없었다면 일본은 제국주의의 막차를 탈 수 있었을까? 불가능했을 것이다. 세계의 패권 국가인 영국의 '뒷배' 덕분에 일본은 러시아와의 싸움에서 이길 수 있었고, 조선을 점령하고 만주로 진출하는 동안 세계열강들의 시비에서 자유로울 수 있었다. 거기다 일본은 세계 3위 해군력으로 발돋움할 수 있는 토대도 마련했다.

일본 해군은 그 체제와 전술전략, 전력 모두 세계 최강을 자랑했던 영국 해군을 따랐다. 러일전쟁 당시 최신예 영국 군함을 수입했고, 최신예 순양전함인 라이언을 기반으로 한 공고급 순양전함을 구입했다(오늘날로 치면 미국의 F-22 전투기를 산 셈이다). 태평양전쟁의 핵심 요소가 되는 항공모함 기술을 얻은 것도 영일 동맹 덕분이었다. 영국은 단순히 일본에 군함을 판 것이 아니라 기술과 운용 노하우까지 함께 넘겼다. 이때 넘어간 기술은 이후 일본 해군이 찍어낸 수많은 전함과 항공모함의 모태가 됐다.

한마디로 일본은 영일 동맹을 통해 일본 해군의 모든 것을

영일 동맹을 묘사한 삽화

얻었고, 이를 통해 태평양전쟁까지 치를 수 있었다. 메이지 유신 이후 불과 60여 년 만에 세계 3위의 해군력을 구축한 일본 해군의 뒤에는 영국이 있었다. 이런 영일 동맹을 두고 미국이 인상을 찌푸리는 것은 너무도 당연했다.

국제정치적으로 봤을 때 1905년 러일전쟁이 끝나고 나서 1923년 워싱턴 체제가 본격적으로 가동될 때까지 일본은 몇 차례의 고비를 넘어야 했다. 그 고비마다 일본은 영국의 뒷배로 버텨냈다. 만주로의 진출과 21개 조 요구처럼 '무리한 상황'이 계속해서 벌어질 때 미국은 몇 번이나 입술을 깨물어야 했는데, 이때마다 영일 동맹이 미국을 제어했다. 동맹 자체만으로 미국을 견제할 수 있었고, 그 덕분에 일본은 제국주의를 완성할 수 있었다.

이제 일본은 인큐베이터에서 나와 본격적인 홀로서기를 강요받았다. 이렇게 말하면 일본에게 가혹했던 처사라 생각할 수도 있겠지만, 이미 이때의 일본은 다 자란 청년과도 같았다. 영일 동맹을 통해 제국주의로 성장할 수 있는 시간을 벌었고, 그 사이에 패권을 차지하기 위한 해군력을 완성할 수 있었다. 덤으로 국제 정세에서 길을 잃지 않는 감각도 얻었다. 일본이 영국에게 그 대가로 제공한 것이라고는 '충성'뿐이었다.

영일 동맹을 심하게 표현하자면 '일본이 영국의 등에 칼을 꽂지 않는 한 영국이 일본의 후원자가 돼주는 조약'이었다고 할 수 있다. 감히 영국과의 전쟁에 나설 수 있는 나라가 몇이나 됐을까? 그나마도 일본과는 아주 먼, 지구 반 바퀴 거리에 있는 유럽 대륙의 나라들이었다.

일본의 경우는 달랐다. 식민지 쟁탈을 위한 바람막이로 영국을 활용했다. 그나마 영국을 도와야 했던 제1차 세계 대전 당시에도 일본은 자신의 이익을 위해서만 독일을 공격했다. 이제 시대는 바뀌었고, 영일 동맹은 그 가치가 사라졌다. 일본은 진정한 홀로서기를 해야만 했다.

06

각자의 계산 II

만약 워싱턴 해군 군축 조약이 체결되지 않았다면 어떻게
됐을까? 미국은 제1차 세계 대전이 끝나자 당시 해군장관이
었던 칼 빈슨Carl Vinson이 내놓은 빈슨 계획Vinson Naval Plan을 바탕
으로 계획을 하나 세웠다. 16인치급(함포) 전함 6척, 순양전함
6척 등을 건조해 1925년까지 전함 32척, 순양전함 16척, 중순
양함 48척으로 구성된 대함대를 건설한다는 계획이었다. 세
계 2위의 해군력을 자랑하던 미국이 이제 영국을 추월할 태세
였다.

　영국도 손 놓고 앉아 있을 수만은 없어 순양전함 후드, G3
형 순양전함, 18인치 주포를 장비한 N3형 전함 등의 건조 계
획을 만지작거리고 있었다. 일본도 나가토급 전함, 가가급 전
함, 기이급 전함, 아마기급 순양전함, 13호급 순양전함 등 자

칼 빈슨

신들의 건함 계획을 가지고 해군력을 확충하려고 했다.

만약 이들이 정면으로 맞붙었다면 어땠을까? 세계인들은 이들의 건함 경쟁이 제1차 세계 대전의 건함 경쟁처럼 종국에는 전쟁을 촉발할 것이라 생각했다. 각국의 건함 스케줄과 국제 정세 등을 고려해 1923년에 다시 한 번 전쟁이 일어날 것이라 예측했다. 하지만 영국은 해가 지려 하고 있었고, 일본은 미국과 체급부터 달랐다. 무제한으로 건함 경쟁을 벌였다면 미국을 이길 수 없었을 것이다. 결론부터 말하자면, 워싱턴 해군 군축 조약의 최대 수혜국은 일본이었다.

다이쇼 데모크라시의 종막

—

워싱턴 해군 군축 회담이 시작되기 직전, 일본의 정국은 혼미했다. 일본의 19대 총리였던 하라 다카시原敬가 칼에 맞아 숨진 것이다. 서슬 퍼런 군부가 내각을 노려보던 시절, 내각이 허수아비처럼 세워졌다 뽑혔다를 반복하던 그 시절, 무려 38개월간 총리 자리에 앉아 있었던 '문민' 총리 하라 다카시다. 그는 다이쇼 데모크라시를 이끌며 의회 민주주의의 초석을 다지려 애썼던 인물로, 그가 있었기에 일본이 워싱턴 해군 군축 회담에 참여할 수 있었다. 그는 유명무실해진 일본 행정부를 바로 세우고 정치에서 최대한 군부를 배제하기 위해 노력했다.

그렇다고 앞뒤 안 보고 무조건 돌격하는 투사형 정치인은 아니었다. 일본 군국주의의 아버지라 할 수 있는 야마가타 아리토모 같은 군 계열 인사들과도 폭넓은 관계를 유지하며, 내각에서 서서히 군인의 색을 빼나갔다. 내각과 정계에 정당 인사들을 포진시키며 서서히, 무리하지 않고 의회 민주주의의 기반을 닦아나가기도 했다. 물론 그가 100퍼센트 만족할 만한 민주 인사라고 볼 수는 없다. 보통 선거제에 부정적이었으며, 사회주의 계열을 지속적으로 탄압하기도 했다. 그럼에도 다이쇼 데모크라시를 이끈 점, 혼란한 정국에서 38개월 동안 큰 무리 없이 내각을 이끈 점은 높이 평가받아야 한다.

그런 하라 다카시를 살해한 이는 군인이 아닌 민간인이었다. 당시 야마가타 아리토모는 히로히토 황태자의 결혼 문제로 심사가 뒤틀려 있었다. 황태자비로 뽑힌 구니노미야 나가코久邇宮良子가 마음에 들지 않았던 것이다. 야마가타는 뒤에서 나가코가 황태자비가 되는 것을 방해했는데, 이게 발각됐다. 야마가타와 친분이 있던 하라 다카시 총리가 중재에 나섰고, 이에 앙심을 품은 나카오카 곤이치中岡艮一가 도쿄역에서 그를 찔러 죽였다. 당시 일본의 상황을 단적으로 보여준 사건이었다.

하라 다카시의 죽음은 일본의 다이쇼 데모크라시의 종막을 불러왔다. 아울러 군부의 전횡을 막을 마지막 제동 장치가 고장 난 사건이기도 했다. 그 와중에 그의 마지막 유산이라 할 수 있는 워싱턴 해군 군축 조약이 막 시작되었다.

일본 해군의 주장

워싱턴 해군 군축 회담은 일본 해군으로서는 도저히 받아들

일 수 없는 회담이었다. 군함을 한 척이라도 더 찍어내야 할 판국에 군함을 건조하지 말라니 화가 나지 않겠는가? 육군은 '머릿수'로 전력을 말하지만, 해군의 경우에는 '배'였다. 배는 곧 해군의 권력이고 군인들의 '보직'을 담보하는 것이었다. 전함의 건조를 축소한다는 것은 곧 해군의 영향력이 줄어든다는 의미였다.

그러나 무턱대고 자신들의 주장을 내세울 수는 없었다. 내각이 이야기하는 '재정 악화'나 국제정치상의 문제를 무시할 수 없었다. 결국 이들은 군축을 허용하되 하나의 가이드라인을 제시했는데, 바로 '대미 7할론'이다. 이는 미국 함대 규모의 70퍼센트 수준까지 톤수를 확보하라는 말이다. 미국과의 일전을 대비해 최소한의 전력을 유지해야 하는데, 그 마지노 선이 미 해군 전체 전력의 70퍼센트라는 것이다.

이변이 없었다면 일본은 대미 7할론을 바탕으로 미국과 협상에 들어갔을 테고, 어쩌면 7할을 얻어낼 수 있었을지도 모른다. 그러나 '도청'이라는 변수가 끼어들었다. 미 국무부의 암호 해독 부서에서 일본의 외교 암호를 해독한 것이다. "대미 7할을 관철하되 미국이 강경하게 고집할 경우 6할 유지 및 무츠(나가토급 2번함)의 완공함 인정을 받아낼 것." 이제 미국

전함 나가토

이 칼자루를 쥐었다. 미국은 일본의 협상 카드를 확인한 뒤 대미 7할을 거부하고 대미 6할을 고집했다. 결국 일본은 6할을 받아들여야 했는데, 이는 훗날 일본이 워싱턴 해군 군축 조약을 파기하는 빌미가 된다. 정보전에서의 패배로 일본은 시작부터 지고 들어갔던 것이다.

워싱턴 해군 군축 조약 전후로 일본 해군, 아니, 일본 군부는 민간 정부에 대한 불신을 내비쳤다. 자신의 밥그릇을 빼앗겠다는데 그 상대가 예뻐 보이겠는가? 그때까지 일본은 완벽한 전쟁 국가였다. 청일전쟁, 러일전쟁, 제1차 세계 대전으로 이어지는 기간 동안 일본은 10년마다 전쟁을 일으키는 '전통'을 확립했다. 그 전통을 지키기 위해서는 그에 걸맞은 전력을 확충해야 하는데, 이제 일본은 전쟁을 치를 전력을 갖지 못하게 됐다. 물론 그럼에도 세계 3위의 해군력은 확보했다.

인류 최대·최고의 군축 조약

—

제1장

제1조 조약국은 각국의 해군 군비를 본 조약이 제시하는 대로 제한할 것에 동의한다.

제4조 각 조인국의 주력함 교체 분량은 기준 배수량을 기준으로 다음의 양을 넘어서는 안 된다. 미합중국 52만 5000톤, 대영제국 52만 5000톤, 프랑스 17만 5000톤, 이탈리아 17만 5000톤, 일본제국 31만 5000톤.

제5조 기준 배수량 3만 5000톤을 초과하는 어떠한 주력함도 조인국에 의해 획득되거나 조인국에 의해, 조인국을 위해 혹은 조인국의 관리하에 건조될 수 없다.

제6조 조인국의 어떠한 주력함도 16인치를 초과하는 구경의 함포를 탑재할 수 없다.

제7조 각 조인국의 항공모함의 총톤수는 기준 배수량을 기

준으로 하고, 다음의 양을 넘어서는 안 된다. 미합중국 13만 5000톤, 대영제국 13만 5000톤, 프랑스 6만 톤, 이탈리아 6만 톤, 일본제국 8만 1000톤.　　　　　－ 워싱턴 해군 군축 조약문 중

　인류사의 어떤 해전에서도 볼 수 없었던 엄청난 전과를 단 한 장의 문서로 끝낸 '테이블 위의 해전'이 발발했다. 이로써 수십 척의 전함과 순양전함이 줄줄이 폐함됐고, 전함 용도로 건조 중이던 배들은 항공모함으로 설계 변경에 들어갔다.

　미국, 영국, 일본, 프랑스, 이탈리아는 각각 5:5:3:1.75:1.75의

워싱턴 해군 군축 조약으로 폐함된 사우스캐롤라이나

비율로 전력을 유지하기로 결정했다. 일본이 전함 무츠를 지켜내면서 5:5:3:1.67:1.67로 비율이 조정됐지만, 대세에는 지장이 없었다. 이 조약으로 각국은 1921년 11월 12일부터 모든 주력함의 신규 건조를 10년 동안 중단했다. 이른바 해군 휴일Naval Holiday(군축 조약이 발휘된 1922년 8월 17일부터 15년간의 기간)이 시작된 것이다.

세계 각국의 해군에게 10년간 신규 전함 건조 중단은 커다란 타격이었다. 시간이 흐르면 신기술이 등장하고, 이 신기술을 적용한 새로운 전함이 등장해야 하는데, 이것이 불가능해졌기 때문이었다. 정체였다. 이제 전 세계 전함은 배수량 3만 5000톤에 함포 구경은 최대 16인치로 통일되었다. 이른바 '조약형 전함'이 탄생했다.

이 조약에 가장 충실했던 국가는 영국이었다. 기기묘묘하게 생긴 전함 넬슨급과 시작부터 화력과 배수량에 약점이 있었던 킹 조지 5세급 전함을 보면, 어쩔 수 없었던 영국의 상황을 처절하게 확인할 수 있다. 낙조가 드리운 해가 지지 않는 나라는 조약을 유지하고 지켜내는 것이 그나마 패권을 움켜쥐고 있을 수 있는 유일한 방도임을 잘 알고 있었다. 그래서 영국은 조약을 지키기 위해 발버둥 쳤지만 일본이 조약을 탈퇴하면서 모든 노력은 물거품이 됐다.

요즘이라면 '그까짓 전함이 뭐 그리 대단할까?'라고 생각할 수 있지만 당시는 거함거포주의가 해전의 기본이었던 시절이다. "국가의 운명은 전쟁에 달렸고, 전쟁은 결국 해전에서 끝난다. 그리고 그 해전은 전함의 상호 간 공방으로 결정된다." 쓰시마 해전에서 일본의 운명을 건져 올린 일본 해군은 누구보다 거함거포주의와 함대 결전 사상에 빠져 있었다(이는 그 시대 해군 관계자들의 기본 상식이기도 했다). 이런 상황에서 전함의 수를 규제하고, 함포의 구경을 제한한다는 것은 손발을 묶어버리는 것과 같았다.

그러나 시대의 흐름에 따른 군축이라 전 세계 해군 관계자들은 '강제 휴가'에 들어갈 수밖에 없었다.

실수인가 고집인가
—

워싱턴 해군 군축 조약의 화두 중 하나는 전함 무츠였다. 당시 일본에서 건조 중이던 나가토급의 2번함 무츠는 일본 해군의 상황을 단적으로 보여주었다. 워싱턴 해군 군축 조약의 기본

조건은 '건조 중인 전함과 신규 전함 건조 계획의 전면 폐기'
였다. 만약 워싱턴 해군 군축 조약이 그대로 체결된다면 전 세
계에서 16인치 함포를 장착한 전함은 딱 두 척만 남게 될 터
였다. 바로 일본의 나가토와 미국의 메릴랜드(콜로라도급 2번
함)였다.

그러나 당시 일본 해군의 생각은 달랐다. "나가토를 실전에
서 활용하려면 전대를 꾸릴 동형함이 최소 한 척 이상 있어야
한다." 일본 해군은 무츠가 너무도 아까웠던 것이다. 그동안의
노력과 비용도 아까웠고, 나가토와 함께 전대를 꾸린다면 강
력한 16인치 함포로 적을 제압할 수 있을 것이라는 환상도 있
었다. 무츠를 그대로 완성시키고픈 일본 해군은 의장 공사를
뒤로 미루고 공사를 서둘러 1921년 10월에 준공, 인도까지 했
다. 영국 시찰단을 속이기 위해 해군 병원에 있던 입원 환자를
함내 의무실로 이송하는 '쇼'까지 했다. 덕분에 일본은 16인치
급 함포를 장착한 전함을 2척 보유할 수 있었다.

하지만 기쁨은 오래가지 않았다. "일본만 16인치급 함포를
장착한 전함 2척을 보유하는 것은 불공평하다. 우리도 동형의
전함을 건조하겠다." 미국과 영국이 들고 일어난 것이다. 당
연한 주장이었던 터라 일본도 선선히 동의했다. 하지만 결과

'빅 세븐'의 하나인 미국의 웨스트버지니아

는 참담했다. 미국은 메릴랜드 외에 콜로라도급을 2척 더 건
조했고, 영국은 넬슨급 2척을 건조했다. 일본의 나가토급 2척
을 포함해 16인치급 함포를 장착한 7척의 전함을 '빅 세븐Big
7'이라고 부른다.

일본이 무츠를 고집한 것은 전략적으로 옳았을까? 당시 일
본 해군은 나가토와 무츠로 미국의 메릴랜드급을 충분히 제
압할 수 있다고 생각했는데, 척수로 따지자면 미국이 3척으로
늘어나는 바람에 수적 우위에서 밀렸다. 거기다 신기술을 적
용한 영국의 넬슨급에게 기술적 우위에서도 밀렸다. 즉, 일본
이 무츠를 포기했더라면 미국의 콜로라도급 2척과 영국의 넬

습급 2척을 막을 수 있었다.

물론 단기적으로 봤을 때는 일본의 승리였다. 미국의 콜로라도급은 16인치 함포를 장착했으나 속도가 느렸고, 건조가 중단된 상태였기에 전함이 완성될 때까지는 일본이 2 대 1로 미국을 압도할 수 있었다. 영국의 넬슨급은 아직 설계도도 나오지 않은 상태였고, 그때까지 영국은 16인치 함포를 제작하고 장착해본 경험이 없었다. 미국과 영국의 전함이 완공되고 바다에 나올 때까지는 일본 해군이 분명 전략적 우위에 있었다.

하지만 단기적인 우위를 점하기 위해 장래의 위험을 초래했

전쟁 후 건져낸 무츠의 잔해

다. 일본 해군이 어떤 계산을 했는지는 모르겠지만 무츠를 지킨 선택은 결과적으로 일본 해군에 도움이 되지 못했다. 무츠는 건조 이후 변변한 실전 한 번 치르지 못하다가 태평양전쟁이 한창이던 1943년 6월 8일 원인 모를 폭발로 가라앉았다. (폭발 원인에 대해서는 일본 해군의 '전통'인 구타와 가혹 행위에 질린 수병이 탄약고를 폭발시켰다는 가설이 꾸준히 제기되고 있다.)

메이지 유신 이후 확대일로를 걸었던 일본군의 군축은 그렇게 마무리되고 있었다.

07

워싱턴 체제의 승자, 일본

워싱턴 해군 군축 조약이 체결됐다. 미국, 영국, 일본은 각
각 5:5:3으로 주력함의 비율을 맞췄고, 그동안 각국 정부를
압박하던 건함 경쟁은 일정 부분 해소되었다. 이로써 삼국은
전쟁을 피할 수 있었다. 10년 단위로 전쟁을 치르던 일본조차
도 1920년대에는 전쟁을 걸렀다. 이렇게만 보면 성공적인 군
축 조약이었던 듯하지만, 그 뒤 각자의 사정을 보면 결코 평화
로웠다고 말하기는 어렵다.

워싱턴 해군 군축 조약의 정치적 의미
—

정치 공학적으로 봤을 때 워싱턴 체제는 '전 세계 열강들이 합

영일 동맹의 파기

심해 일본을 견제한 것'이었다. 앞서 언급했듯이 워싱턴 체제를 유지하기 위해서는 두 가지 전제 조건이 있었다. 바로 '만주와 중국에 진출한 일본에 대한 견제'와 '영일 동맹의 파기'였다.

일본은 제1차 세계 대전 중 중국 내 독일의 조차지를 무력으로 점령한 후 중국에 21개 조를 요구했다. 그러나 워싱턴 체제를 통해 21개 조는 후퇴했고, 중국은 일본에게 빼앗긴 권익을 되찾을 수 있었다. 그와 함께 이뤄진 영일 동맹의 파기는 일본의 든든한 뒷배였던 영국이 일본을 떠나는 계기가 됐다.

서양을 흉내 내는 원숭이였던 일본은 어느 순간 인간을 위협하는 존재가 됐다. 이를 인지한 서구 열강들은 일본을 압박하기 시작했고, 워싱턴 회담에 참여한 미국, 영국, 프랑스, 이탈리아 4개국은 손잡고 일본을 압박했다. 얼마 전까지만 해도 혈맹 운운하던 영국도 일본을 노려보기 시작했다. 국제사회의 냉정함이라고 해야 할까? 아니면 인종주의적 편견이었을까? 물론 일본이 너무 '설친' 건 사실이다. 하지만 그 이전에 국제정치의 냉혹함을 알아야 한다. 국제정치에서 '의리'는 망상이다.

워싱턴 회담은 한 국가의 이익은 국력에 비례한다는 사실을 다시 한 번 확인해준 회담이었다. 아울러 제1차 세계 대전 이후 새로운 세계 정치 체계가 완성된 회담이었다. 여기서 주목해야 할 것은 열강들이 세계의 중심이 대서양에서 태평양으로 이동하고 있음을 인정했다는 점이다. 이전까지 구세계(대서양 저편의 유럽)를 중심으로 돌아가던 국제정치의 무대가 신세계(태평양 양편의 미국과 일본)로 넘어왔으며, 열강들이 중국을 비롯한 아시아의 이권에 관심이 있고, 자신들의 이권을 지키기 위해 움직이고 있음을 다시 한 번 확인한 회담이었다.

"7할이라면 일본이 미국을 공격하는 것은 불가능해도 미

와카쓰키 레이지로

국으로부터 공격받을 경우 일본에도 조금은 기회가 있을 것이다.”

1930년에 있었던 런던 군축 회의에서 일본의 전권 대표였던 와카쓰키 레이지로若槻禮次郎가 한 말이다. 이는 당시 군부의 절대적인 요구 조건이었다. 7할의 함대를 확보하지 않는다면 일본의 안보가 심각해진다는 논리였다. 일본 해군은 1922년 워싱턴 해군 군축 조약과 이를 보완하기 위해 1930년에 개최된 런던 군축 회의까지 꾸준히 ‘대미 7할론’을 내세웠다.

1922년 2월 6일 워싱턴 체제가 선포되고 나서 일본 해군은 공황 상태에 빠졌다. 미국에 대한 최소한의 방비라고 선언했던 대미 7할론이 무너졌기 때문이다. 일본 군부는 민간 정부를 불신하게 됐고, 그에 앞서 제1차 세계 대전 이후 국제사회의 '룰'이 된 워싱턴 체제에 대해서도 불신하게 됐다.

이는 꽤 중요한 사안이었다. 현대사에서 문민통치civilian control system, 문민 우위의 정치 체계가 완성된 것은 얼마 되지 않았다. 한국만 보더라도 얼마 전까지 군인들이 나라를 통치하지 않았는가? 일본도 마찬가지였다. 다이쇼, 쇼와 시절의 일본 군부는 '일본 정치의 모든 것'이나 다름없었다. 당시 일본은 완벽한 '전쟁 국가'였다. 세이난 전쟁을 비롯해 메이지 유신 시절 겪었던 몇 번의 내전을 보면 알겠지만, 일본은 피를 밟고 시작된 나라다. 이 피로 세운 나라는 다른 나라의 피를 통해 근대 국가로 성장했고 제국이 되었다.

전쟁을 통해 건국을 했고, 전쟁을 통해 완성된 일본에서 군부의 입김이 강해지는 건 당연한 수순이었다. 문제는 당시 일본 군부가 입김 정도에서 만족할 만한 존재가 아니었다는 점이다. '군부대신 현역 무관제'로 대표되는 군부의 정치 참여로 내각 총리들 상당수가 군 출신 인사로 채워지면서 군부가 합법적으로 정부를 인수하는 지경에 이르렀다.

이런 군부가 일본 역사상 최초의 '군축'을 맞은 기분이 어땠을까? 워싱턴 해군 군축 조약이 실시되기 전 일본 해군은 88함대 건설이라는 장밋빛 꿈을 꾸고 있었다. 늘어난 함대를 유지하기 위한 인적 자원의 확보까지 준비했을 정도였다. 당시 100여 명이었던 해군병학교 입학생을 300명으로 증원하고, 함대 유지를 위한 방법을 구상했지만 모두 물거품이 됐다.

해군병학교 입학생이 300명으로 유지된 기간은 불과 3년이었고, 이후 다시 100명으로 돌아갔다. 계획된 것인지 우연인지는 모르겠지만 이 3년간 뽑힌 300명의 해군병학교 졸업자들은 이후 태평양전쟁에서 활약을 펼쳤다. 이들은 태평양전쟁 때 경험이 중요한 함장급으로 활약했는데, 일본은 이들이

일본 해군병학교

있었기에 태평양전쟁을 수행할 수 있었다. (전쟁 시 가장 부족한 인적 자원은 영관급이다. 위관급 장교는 단기 교육을 통해 보충할 수 있지만, 군대의 허리가 돼 군을 통솔할 영관급 장교는 많은 경험을 필요로 하기에 단기 교육으로 보충할 수 없다.)

1922년 당시 일본 해군은 분노할 수밖에 없었다. 해군병학교의 예에서 볼 수 있듯이, 국가의 안위도 안위지만 함대를 건설해야 하는 이유 중 하나는 보직의 확보와 진급의 확대였다. 일본 해군은 내부적으로 부글부글 끓었다. 결국 일본 해군은 '조약파'와 '함대파'로 갈라졌다. 각각 조약 체결에 찬성과 반대를 외쳤지만, 종국에는 이 모든 사태의 원인인 문민정부에 대한 불만을 쏟아냈다. 이 대목에서 주목해야 할 것이 훗날 연합 함대 사령관이 된 야마모토 이소로쿠山本伍十六의 주장이다.

"이 조약의 진정한 의미는 일본이 3으로 묶인 게 아니라 영·미를 5로 묶은 것이다."

하버드 대학에서 수학했고, 주미 대사관 무관 생활을 경험했던 야마모토 이소로쿠는 미국 공업 생산력의 무서움을 알고 있었다. 만약 조약이 체결되지 않고 건함 경쟁이 계속되었다면 일본은 미국을 절대 이기지 못할 것임을 알고 있었다. 그의 예측은 태평양전쟁에서 현실이 되었다. 태평양전쟁이 발발하고 4년 만에 미국은 (호위 항모를 포함해) 100여 척의 항공모함을 찍어냈다.

아니, 멀리 갈 필요도 없다. 일본은 주력인 전함은 6할 수준까지 맞출 수 있었지만, 이를 제외한 보조함은 미국 대비 6할은커녕 5할도 맞추지 못했다. 일본은 공업 생산력과 대규모 함선 건조 능력에서 미국을 쫓아가지 못했다. 미국 해군 관계자들이 "워싱턴 체제의 진정한 승자는 일본"이라고 말한 것도 이런 이유에서다. 사실이다. 일본은 자신의 능력을 생각지도 않고 허세를 부렸던 것이다.

군축과 세계정세의 변화

—

일본 해군이 군축 조약에 묶여 '휴일'을 보내는 동안 일본 육군도 전체 병력의 4분의 1인 6만여 명을 축소했다. 일본군이 병력을 줄인 것은 메이지 유신 이후 최초였다. 덕분에 일본은 군사적 모험주의에서 한 발 비껴갔고, 일본 내각은 잠시 재정 건전화와 문민 우위의 꿈을 꾸었다. 물론 군부의 불만은 폭발 직전까지 팽창한 상태였다.

워싱턴 체제의 전제 조건에 의해 일본은 중국 대륙 진출에
상당한 제약을 받았다. 여기에 그동안 유지했던 전력을 축소
하기까지 했다. 일본의 대외 정책에 변화가 필요한 시점이었
다. 그때까지 유지해왔던 강경 일변도의 대외 정책을 더 이상
은 수행할 수 없었다. 전쟁 국가 일본으로서는 처음 겪는 혼선
이었다. 전쟁을 통해 자신의 권익을 주장하고 식민지를 확보
해나가던 일본은 이를 어떻게 받아들여야 할지 혼란스러웠다.

물론 1920년대 중반까지의 일본은 행복했다. 제1차 세계
대전으로 경제는 성장했고 미국으로의 수출도 순조로웠다.
아울러 군축 덕분에 재정 압박도 어느 정도 해소됐다. 성장한

1920년대의 일본 거리

민권의식 덕분에 다이쇼 데모크라시도 일정 궤도에 오를 것처럼 보였다.

가장 큰 변화는 일본이 전쟁을 일으키지 않았다는 것이다. 10년 주기로 전쟁을 일으키던 일본이지만 더 이상 전쟁을 일으키지 않았다. 워싱턴 체제는 일본 군부에게는 족쇄였을지 모르지만 일본 국민에게는 '막간의 행복'이었다. 그러나 행복은 오래가지 못했다.

국제 정세가 요동치기 시작했다. 중국 대륙이 꿈틀댔고 미국이 흔들리기 시작했다. 장제스蔣介石의 국민당이 민족주의를 배경으로 북벌을 진행했고, 나눠졌던 중국 대륙이 장제스의 주도하에 1928년 통일되었다. 이는 일본으로서는 크나큰 위협이었다. 통일된 중국의 다음 목표는 만주일 것이 분명했다.

게다가 무너진 줄 알았던 러시아가 '소련'이란 이름으로 꿈틀대기 시작했다. 러시아 혁명의 열기가 잠잠해지자 소련은 공산당 주도하에 급속한 공업화를 이룩했다. 그리고 이를 배경으로 과거 러시아의 모습으로 돌아가려 하고 있었다.

그러던 중 1929년 대공황이 터졌다. 증권가에서는 자살자가 속출했고, 집에서 내쫓긴 사람들이 유리걸식을 했다. 전 세계가 대공황이란 전염병에 감염돼 서서히 죽어갔고, 제1차 세

1931년 미국 뉴욕의 은행 앞에서 시위하는 군중

계 대전 이후 구축된 워싱턴 체제도 흔들렸다.

대개 제1차 세계 대전 이후의 국제 정세는 우드로 윌슨이 조직한 국제연맹을 중심으로 움직였다고 생각하지만(교과서에 그렇게 나오니까) 1922년에 체결된 워싱턴 체제가 그 기반이었다. 패권은 대서양에서 태평양으로 이동 중이었고, 그사이 중국 대륙의 이권을 둘러싼 강대국들의 셈법이 바탕에 깔린 '구속력' 있는 체제는 국제연맹이 아니라 워싱턴 체제였다.

중국과 소련의 대두, 미국의 대공황, 그리고 그사이 있었던 '작은' 건함 경쟁은 새로운 군축을 필요로 했다. 꼭 8년 만에 워싱턴에 모였던 이들이 런던에 다시 모였다.

08

8년 만의 재회, 런던 군축 조약

1922년 2월 6일 워싱턴에서 헤어졌던 세계열강들이 1930년 4월 22일 영국 런던에서 다시 만났다. 세계사에서는 이를 '런던 군축 조약'이라고 부른다.

런던 군축 조약의 핵심은 보조함, 그중에서도 '순양함'이었다. 워싱턴 체제로 전함, 순양전함, 항공모함을 완벽하게 묶어놓을 수 있었지만 대형함을 묶어놓자 이번에는 보조함 경쟁이 붙었다. 워싱턴 해군 군축 조약이 체결돼 도크에 있던 전함들을 모두 박살내 고철로 넘기는 게 아까웠던 각국은 이를 개장해 항공모함으로 만들었다. 항공모함을 새로 건조할 경우 최대 배수량은 2만 7000톤, 함포 구경은 최대 8인치로 제한하는 등 온갖 규제 조항을 집어넣었지만 꼼수를 쓰기로 작정한 이들에게는 언제나 도망갈 구멍이 있었다.

사실 항공모함의 최대 배수량과 함포 구경의 제한도 꼼수 예방 차원이었다. 전함 뒤에 수상기 몇 대를 올려놓고는 항공모함이라고 우기는 것을 방지하기 위해서였다. 하지만 조약에는 허술한 구멍이 여러 군데 있었다. 배수량 1만 톤 이하의 항공모함은 예외란 점을 들어 미국과 일본은 각각 배수량 7000톤의 랭글리와 호쇼를 만들었다. 이런 구멍은 점점 넓어져만 갔는데, 대표적인 구멍이 순양함이었다.

1만 톤 이하의 순양함과 그 이하의 보조함선에 대해서는 건조 수량, 배수량 제한이 없다시피 했기에 각국은 워싱턴 체제

석탄 운반선인 주피터를 개조해서 만든 미 해군 최초의 항공모함 USS 랭글리

의 규제에서 벗어나 있는 순양함을 건조하기에 바빴다. 물론 기준 배수량 1만 톤, 함포 구경 8인치라는 제한이 존재했지만, 이 안에만 들어간다면 얼마든 배를 건조할 수 있었다. 따라서 상당히 기형적인 순양함들이 제작되었다.

다시 등장한 대미 7할론
—

순양함으로 대표되는 보조함 문제는 1920년대 중반부터 꾸준히 제기돼온 문제였다. 이미 미국과 영국이 스위스에서 '제네바 해군 군축 회의'를 했지만 소득이 없었다. 이대로 가다가는 워싱턴 해군 군축 조약의 실효성이 사라질 것이라는 우려가 나왔고, 이를 보완해야 한다는 데 의견이 모였다. 미국과 영국이 의견을 같이했으니 이야기는 빠르게 진전됐고, 1930년 런던에서 본격적으로 회담이 열렸다.

이 당시 일본의 입장은 어땠을까? '대미 7할론'의 고수였다. 일본은 워싱턴 해군 군축 조약 때 내놓은 협상 원칙을 다시 들고 나왔다. 전함에서는 지켜내지 못했지만 보조함에서는 대미 7할을 확보해야 한다는 결연한 의지가 있었다. 하지만 협상단의 입장도 강고해서 일본은 다시 쓴 잔을 마셔야 했다. 10:10:6.975. 7할에 근접한 비율이었지만 일본 군부의 불안과 불만은 폭발 일보 직전까지 갔다. 아니, 당시 런던 군축 조약에 참가한 미, 영, 일 3국 모두 불만에 차 있었다. 미국은 중순양함을 더 필요로 했고, 영국은 경순양함을 더 많이 원했다. 어쩌면 런던에서의 협상도 일본의 승리로 끝난 것인지도 모른다.

"어차피 대공황 때문에 긴축 재정을 해야 한다. 군비를 축소할 수 있고 군부가 명분으로 내세운 7할에 근접한 성과를 냈으니 성공적인 협상이라 할 수 있다"라고 자평할 만한 성과였지만 결국 일본 해군은 폭발했다. 두 번에 걸친 협상에서 대미 7할론이 부정당했기 때문이다. 해군은 군축을 주장하고 주도했던 민간의 정당 세력에 대해 극도의 불신을 갖게 됐다.

이는 상당히 심각한 상황으로 번져 청년 장교들을 중심으로 '쇼와 유신昭和維新'이란 말이 흘러나오기 시작했다. 일본 내부가 요동치기 시작했다. 1920년대 말부터 시작된 경제 불안, 뒤이은 대공황으로 일본 경제는 휘청했고, 그사이 다이쇼 데모크라시의 수혜를 입은 자유주의와 민권 사상이 퍼져나갔다. 정치는 불안해졌고 군부에 대한 견제가 '군축'이란 이름으

쇼와 유신 황도파

로 도래했다.

여기서 끝났으면 내부적인 홍역 정도로 끝이 났겠지만, 국제 정세도 요동치고 있었다. 일본의 이익과 직결된 중국 정세가 급변했고, 러일전쟁까지만 하더라도 일본에게 호의적이던 국제 정세가 1930년대에는 악화일로를 걸었다. 사실 워싱턴 해군 군축 조약 전후로 일본은 국제사회에서 위험한 나라로 낙인찍힌 상태였다.

일본은 언제나 그렇듯 내부의 불안을 외부로 표출하려고 했지만 군비가 축소된 상황에서 함부로 움직일 수도 없는 노릇이었다. 결국 청년 장교들(급진 세력이란 표현이 더 적확하겠지만)은 우익 단체를 중심으로 목소리를 내기 시작했다. "메이지 유신 정부의 정신을 부흥시켜야 한다! 천황을 중심으로 하는 친정親政 체제로 일본 정치를 개편해야 한다!"

만약 이런 주장을 하는 이들이 우익 단체였다면 극우 세력의 준동 정도로 끝날 문제였지만, 상대는 군부, 그것도 혈기 방자한 청년 장교들이었다. 이들은 목소리를 내는 것에 그치지 않고 행동으로 옮기려 했다. 그래서 터진 것이 5·15 사건과 2·26 사건이다(2·26 사건은 '실패한 쿠데타'로 보는 편이 맞을 것이다). 쇼와 시절의 오점이라 말할 수 있는 군부의 준동이 본격적으로 시작된 것이다.

국내에서는 5·15 사건이 2·26 사건보다 상대적으로 덜 조명되는데, 5·15 사건은 일본의 군국주의가 루비콘 강을 건넌 계기가 된 사건이다. 런던 해군 군축 조약이 체결된 지 2년 후인 1932년 5월 15일에 벌어진 이 사건은 당시 내각이던 이누카이 쓰요시犬養毅 내각, 아니, 문민내각에 대한 불신이 그 발단이었다.

해군의 청년 장교들은 런던 해군 군축 조약을 체결한 전 총리 와카쓰키 레이지로에 대한 습격을 결의하고 있었는데, 와카쓰키가 선거에서 대패해 와카쓰키 내각 자체가 사라졌다. 청년 장교들 입장에서는 '죽일 대상' 자체가 사라진 것이었다.

이누카이 쓰요시

이때 이들의 눈에 들어온 것이 내각 총리대신 자리에 오른 이누카이 쓰요시였다. 이누카이는 군축을 지지하고 있었다. 더 이상 팽창하는 군부를 내버려둘 수 없다는 판단이었지만, 군부 입장에서는 자신의 '권력'과 관계된 일이었다.

문제는 이런 군축 분위기가 정치권 안에서만 일어난 것이 아니라는 점이다. 1910년대부터 불기 시작한 다이쇼 데모크라시의 훈풍 덕분에 일본 지식인들은 군부에 대한 반감을 가지고 있었다. 1920년대를 지나서는 지식인들과 사회주의자에게서만 볼 수 있었던 군부에 대한 반감이 일반 시민에게까지 퍼졌다. 과거에는 군복 입은 장교를 보면 길을 비켜주거나 예를 갖췄는데 이때는 군복을 입고 있다는 것만으로도 욕을 먹었다.

이런 사회 분위기에 분개한 해군 청년 장교들은 육군 사관 후보생들과 민간 농본주의자들을 규합해 정우회 본부, 경시청, 은행을 습격했다. 여기까지만 보면 단순한 테러 같지만, 이들 중 해군 장교 4명과 육군 사관생도 5명이 총리 관저에 쳐들어가 총리였던 이누카이 쓰요시를 암살했다.

이후의 사건 진행은 한 편의 블랙코미디였다. 사건의 주모자 11명은 체포돼 재판에 회부되었으나 전국적으로 구명 운동이 벌어졌고, 무려 35만 명이 서명한 탄원서가 쇄도했다. 결국 이들은 사면되었지만 그 이후는 완전히 비극이었다. 이 사건을 통해 일본의 정당 정치가 사실상 끝났기 때문이다. 이후 사이토 마코토齋藤實, 오카다 게이스케岡田啓介를 주축으로 하는 군사 내각이 등장해 일본은 완전한 군정 체제로 넘어갔다.

군부의 정계 진출은 기정사실이 됐고, 사회 변화에 예민한 재벌들은 군부가 일본의 핵심임을 확인하고는 군부에 대한 지원과 유착 관계 형성에 들어갔다. 군과 재계가 손을 잡자 일본의 군국주의는 더 강화되었고, 종국에 가서는 독일과 같은 국가사회주의로 변화했다. 한때 일본 국민의 가슴속에 불었던 다이쇼 데모크라시의 훈풍은 사라지고 이전보다 더 혹독한 군부의 압제가 시작됐다. 이렇게 발생한 군국주의 바람은 이후 쭉 이어져 태평양전쟁까지 논스톱으로 달렸다.

런던에서 또다시 대미 7할론이 부정되긴 했지만 7할에 근접한 수준의 성과를 얻었다. 당시 일본 경제 수준을 고려했을 때 7할을 다 채우는 것은 난망한 일이었다. 그럼에도 일본 군부는 폭주했고 일본은 돌아올 수 없는 '군국주의의 길'로 들어섰다. 이것을 군부의 '폭주'라는 표현 말고 어떤 말로 설명할 수 있을까?

군사 혁명의 시작
—

1922년 발효된 워싱턴 해군 군축 조약은 해전의 패러다임을 완벽하게 뒤바꿔놓았다. 이전까지는 쓰시마 해전으로 대표되는 '거함거포주의'와 함대 간의 결전이 전쟁의 승패를 결정짓는다는 '함대 결전 사상'이 해전의 기본 양상이었다. 그러나 워싱턴 체제가 완성되고 해군이 '휴일'에 들어가면서 각국 해군은 가지고 있는 전력을 극대화할 수 있는 방법을 찾았다. 이

때 등장한 새로운 무기가 항공기였다. 어제까지 대포로 싸웠다면 내일부터는 비행기가 전장의 주역이 될 것이란 의견이 흘러나왔고, 주력함을 더 이상 건조할 수 없게 된 상황에서 항공모함을 활용한 전술 개발은 하나의 조류로 굳어졌다.

뒤에 설명하겠지만, 일본은 항공모함의 연구, 파일럿 양성, 실전 참가 경험을 가장 활발하게 한 국가였다. 태평양전쟁 당시 가장 노련한 함재기 조종사들을 보유한 일본이었다. 일본은 이를 기반으로 진주만을 공습했고 멋지게 성공했다(다시 거함거포주의의 환상에 빠져 전함 건조에 들어갔다는 점이 이상하지만).

이렇게 워싱턴 체제는 정치와 군사 모든 면에서 세계사에 커다란 족적을 남겼다. 지금도 군축을 말할 때 가장 먼저, 가장 많이 언급되는 것이 워싱턴 해군 군축 조약이다. 가장 성공적인 군축 조약이었고, 동시대 해군을 기형적으로 변형시켜 '조약형 해군' '조약형 전함' 등의 신조어를 만들어낸 가장 실효성 높은 군축 조약이었다.

정치적 성과를 보자면, 군국주의 일본의 발목에 족쇄를 채워 10년 가까이 일본의 팽창 야욕을 억제시켰다. 이는 높게 사야 할 점이지만, 1930년대의 일본을 생각한다면 워싱턴 체제가 일본의 야욕을 일시적으로 억눌렀을 뿐이란 것을 알 수

영국의 조약형 순양함 린더급

있다. 아니, 억누른 반작용으로 오히려 더 크게 폭발시켰다고
보는 편이 맞다.

09

일본은 어떻게 실패했나 I

워싱턴 군축 조약의 체결과 이후의 군축으로 해군은 전력 확보에 어려움을 겪었다. 언제나 그렇지만 군인은 '전쟁'에 대비하는 존재다. 손발이 묶였다면 이빨로 물어뜯는 법을 고민해야 하는 것이 군인이다. 대미 6할의 한정된 전력을 가지고 가상 적국인 미국을 상대해야 하는 일본은 없는 자원과 머리를 쥐어짜내 미국을 상대할 방법을 모색했다. 1920년대부터 일본 해군은 '승산 없는 전쟁'에 뛰어들었던 것이다.

그렇게 해서 나온 방법이 '마루 계획マル計画'이라 불리는 꼼수 전력 확충 계획과 '점감요격작전漸減邀撃作戦'이었다. 마루 계획과 점감요격작전은 태평양전쟁 때까지 일본 해군의 기본 틀이 되었고, 일본 해군에 수많은 전설(전설이라 쓰고 삽질이라 읽는다)과 실패를 안겨주었다. 워싱턴 체제와 이후의 중일전

쟁, 태평양전쟁으로 이어지는 20여 년간 일본 해군이 어떻게 실패했는지를 알고 싶다면 이 두 계획을 보면 된다.

노력은 가상했다. 위싱턴 해군 군축 조약의 결과로 일본 해군은 대놓고 전력을 확충할 수 없게 됐다. 그렇다고 손 놓고 앉아 있을 수만은 없었기에 다른 조약국을 속이겠다는 야심 찬 계획을 짰다. 그래서 나온 게 마루 계획이다.

"지금 만들고 있는 배는 전함이나 항공모함이 아니라 보조함이야. 보조함을 만들지 말란 법은 없잖아?" 조약국들에게는 이런 식으로 사기를 치고 실제로는 전쟁 발생 시 다른 목적으로 사용할 배를 만드는 게 마루 계획의 핵심이었다. 대표적인 예가 항공모함 류호龍鳳다. 항공모함인지 수송함인지 불분명했던 이 배는 말 그대로 '시대가 만든 사생아'였다.

배수량 1만 6700톤의 이 항공모함이 탄생할 때 이름은 '타이게이大鯨', 함종 분류는 '잠수함 모함'이었다. "기존의 노후화된 잠수함 모함을 대체하기 위한 건조다. 새로 배치되고 있는 주력 잠수함인 1급(이伊형) 잠수함을 지원하기 위해 꼭 필요하다." 해군의 설명은 일견 타당했다. 망망대해에서 작전을 펼치는 잠수함들에 대한 보급과 지원을 위해서는 잠수함 모함이 필요하고, 이형 잠수함이 배치되면서 신형 잠수함 모함

류호

이 필요해진 것도 사실이었다.

그러나 여기에는 숨겨진 비밀이 있었다. 당시 일본 해군은 타이게이를 잠수함 모함으로 사용할 생각이 없었다. 아니, 사용할 수도 있었겠지만 건조할 때부터 항공모함으로의 개장을 염두에 두고 설계했다. "항공모함을 찍어낼 수 없으니 일단은 잠수함 모함이라고 말해놓고 그렇게 쓰자. 그러다가 전쟁이 났을 때 이걸 항공모함으로 개장하면 몇 달 만에 항공모함 한 척을 만들어내는 것과 같은 효과를 얻을 수 있다." '위장 항공모함'이랄까? 류호뿐만이 아니었다. 류호에 급유 기능을 확충한 '고속 급유함' 츠루기사키劍埼, 다카사키高崎 등도 있었다. 이들은 워싱턴 군축 조약 탈퇴 후 전쟁을 준비하면서 개장하여 각각 쇼호祥鳳와 즈이호瑞鳳라는 경항공모함으로 재탄생했다.

비운의 항공모함 쇼호(위)와 즈이호(아래)

하지만 이렇게 만들어진 '위장 항공모함'의 성과는 좋지 않았다. 비운의 항공모함이라고나 할까? 류호는 정찰이나 수송, 훈련용으로 쓰다가 끝났고, 쇼호는 '태평양전쟁에서 일본이 잃은 최초의 항공모함'이라는 오명을 얻었다. 즈이호는 1944년 10월 25일 오후 3시 27분 격침되면서 일본 항공 전대의 궤멸을 선언했다. 동형함(동형함이라 묶기도 애매하지만)의 운명치고는 참 얄궂은 운명이랄까? 당시 일본 해군의 절박함이 이해는 가지만, 이런 식의 개장을 전제로 한 설계와 건조에는 문제가 많았다. 류호만 봐도 잘 알 수 있는데, 건조 도중 선체가 뒤틀리거나 금이 가기도 했으며, 실질적으로 항공모함으로 쓰기에는 여러 문제가 있었다.

그럼에도 일본 해군은 점점 더 꼼수를 부렸다. "민간에서도 배를 건조하잖아? 이렇게 건조되는 배를 전시에 징발해서 항공모함으로 개조하면 군축 조약을 피해가면서도 항공모함 전력을 확충할 수 있지 않을까?" 민간용으로 만들어진 배를 군함으로 개조한다면 설계상 분명히 한계가 있겠지만, 애초에 군함으로의 용도 변경을 전제로 설계한다면, 훗날 징발하여 개장했을 때 군함에 근접한 실력을 발휘할 것이란 계산이었다. 이른바 '우수 선박 건조 조성 시설' 계획이다.

일본 해군은 민간이 대형 고속 여객선(항공모함은 함대와 연계할 수 있는 속도가 중요했기에)을 건조할 때 보조금을 주고, 전쟁 시 이를 징발할 계획을 짰다. 이런 계획은 계속 이어졌는데, 수상기 모함으로 만들었다가 항모로 개조한 치토세千歲, 치요다千代田 등도 마루 계획의 일환이었다. 일본 해군은 전쟁을 대비해 조약을 피해갈 수 있는 모든 방법을 연구하며 착실히 미래를 준비했다. 그러나 일본은 이런 식의 준비로는 미국을 상대할 수 없다는 사실을 애써 외면했다.

해군의 욕심은 끝이 없었고, 워싱턴 해군 군축 조약이 발효되고 나서 각국 해군들은 조약에 묶여 있는 주력함 대신 보조함인 순양함이나 구축함 생산에 열을 올렸다. 그러다 보조함마저 런던 해군 군축 조약 때문에 손이 묶이자 이들은 다른 방식으로 자신들의 전력을 확충하겠다고 결심했다. "배에 달 수 있는 모든 무장을 달자." 배 한 척에 세 개의 포탑을 탑재하면 한 척의 역할밖에 못하지만, 여섯 개의 포탑을 탑재하면 두 척의 역할을 할 수 있다는 논리였다. 그래서 일본 해군은 달 수 있는 모든 무장을 배에 우겨넣었다.

그러다 결국 사고가 터졌다. 1934년 3월 12일 훈련을 위해 바다로 나갔던 수뢰정 토모즈루友鶴가 좌초한 것이다. '토모즈루 사건'이라 불리는 일본 해군의 대참사였다.

1934년 2월 훈련을 위해 사세보 항을 떠난 사세보 경비대 제21수뢰대(경순양함 타츠타, 치도리급 수뢰정 치도리, 마나즈루, 토모즈루로 편성)는 훈련을 마치고 귀항하는 도중 풍랑을 맞았고, 이때 수뢰정 토모즈루가 높은 파도에 휩쓸려 전복·표류했다.

좌초된 토모즈루

일본 해군은 즉시 수색대를 편성해 토모즈루의 수색과 구출 작전에 들어갔지만 기상 악화로 탐색이 불가능했다. 잠시 임시 정박지로 피항한 후 수색 작업을 재개해 해군은 사건 발생 7시간 20분 만에 토모즈루를 발견해 예인했다.

사세보 모항으로 예인된 토모즈루를 부상시킨 후 생존자를 확인했는데, 정원 113명 중 생존자는 겨우 13명이었다. 정장인 이와세 오쿠이치岩瀬奧市 소좌 이하 100명의 승무원이 사망한 것이다. 당시 일본 해군은 생존자 확인 후 제4병사실에 공기를 불어넣고 배 밑에 직경 50센티미터 구멍을 뚫으며 악전고투했지만, 건질 수 있는 생명은 고작 13명뿐이었다.

이 사건은 일본 해군과 국민에게 큰 충격이었다. 전시도 아닌 상황에서 배가 뒤집히고 병사들이 죽다니 이해할 수 없는 사건이었다. 단순히 날씨 탓도 아니었다. 천재가 아닌 인재였다. 일어날 일이 일어났고, 당연한 일이 벌어진 것이었다.

당시 토모즈루는 600톤도 안 되는, 기준 배수량 544톤의 수뢰정이었는데, 구축함을 넘어서는 과무장 상태였다. 우리나라의 윤영하급만 한 배(기준 배수량 440톤, 만재 배수량 570톤)에 12.7센티미터 50구경장 함포 연장, 단장 하나씩에 2연장어뢰 2개(어뢰는 8발 휴대)를 달고 있었다. 우리 입장에서 과무장이라고 말하긴 그렇지만(외국인들이 우리나라 포항급, 울산급 함정을 보면 깜짝 놀란다. 그 작은 함에 여기저기 포를 우겨 넣었으니 말이다) 분명한 과무장이었다.

이는 태평양전쟁 말기 일본이 생산했던 양산형 구축함(그 혼란기에 154척이나 양산할 계획을 세웠지만 실제로는 32척만 건조했다)을 보면 확실해진다. 마츠松급은 배수량이 1300톤이었으나 12.7센티미터 연장고각포 1기, 단장포 1기, 어뢰발사관 4연장 1기(그나마 예비탄도 없었다)가 고작이었다. 물론 대공·대잠 능력을 강화하기 위해 폭뢰와 25밀리미터 3연장 기관포 4기와 각종 기관총을 설치했지만 토모즈루의 배수량에 비하면 훨씬 여유 있었다. 배수량이 두 배 이상 차이 나지 않는가?

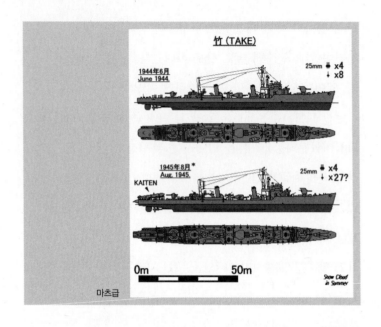

마츠급

토모즈루 사건으로 해군은 자신들의 실수를 인정할 수밖에 없었다. 무슨 수를 쓰더라도 정해진 배수량 안에서 최대한의 전투력을 끌어내보겠다며 달 수 있는 모든 무장을 단 결과 무게 중심이 올라갔고 복원성이 나빠졌다. 결국 일본 해군은 보유하고 있는 모든 함선뿐 아니라 건조 중인 함선까지도 대대적으로 개조하는 작업에 들어갔다.

워싱턴 해군 군축 조약이 빚어낸 비극이었을까? 아니, 그보다는 일본 해군의 과욕이 부른 참사였다. 그러나 일본 해군의 악몽은 여기서 끝나지 않았다. 토모즈루 사건 이후 1년이 흐른 1935년 9월 26일, 해군은 똑같은 실수를 다시 한 번 겪었다. 바로 '제4함대 사건'이다.

4년마다 실시한 일본 해군의 대연습을 위해 임시로 편성된 제4함대는 가상의 적 역할을 맡았다. 항공모함, 중순양함, 경순양함, 잠수모함, 구축함 등으로 구성된 41척의 함대는 마쓰시타 하지메松下元 중장의 지휘 아래 하코다테 항을 출발, 이와테 현 동쪽 해협 250해리에서 연습을 시작하려 했다.

문제는 날씨, 아니, 기상 예보였다. 당시 기상 예보는 '제7호 태풍이 일본을 벗어나 북쪽으로 향한다'고 했다. 그래서 연습에는 차질이 없을 줄 알았는데, 기상 예보가 틀리고 만 것이다. 태풍의 진로를 잘못 예측한 예보 때문에 제4함대는 태풍의 영향권 안에 들어갔다. 초속 20미터의 속도에 점점 커져가는 태풍을 보면서도 제4함대는 연습을 강행했다. 태풍은 점점 강해졌고 초속 40미터의 속력으로 바다를 요동치게 했다. 높이가 18미터에 달하는 파도에 제4함대는 41척 중 19척이 박살이 났다. 항공모함 류조龍驤는 함교가 박살 났고, 항공모함 호쇼鳳翔는 전방 비행갑판이 박살 났다. 일본 해군이 자랑하던 후부키吹雪형 구축함 2척은 아예 함교 앞 함수 부분이 떨어져

나가버렸다. 바로 하츠유키初雪와 유기리夕霧(후부키급이 아니라 아야나미급이라고 해야 하나?)였다.

충격적인 사실은 당시 일본 해군이 하츠유키를 공격했다는 것이다. 절단되어 떨어져나간 함수 부분에 수병들이 남아 있었지만 이들을 구출할 방법이 없었다. 문제는 이 떨어져나간 부분에 통신실이 있었는데, 만약 이를 다른 나라가 발견한다면 통신실 안에 있던 암호표가 적국의 손에 넘어갈 수도 있었다. 결국 제4함대는 이 떨어져나간 함수 부분을 포격했다.

하츠유키와 유기리 정도의 피해는 아니었지만 다른 함선들의 피해도 만만치 않았다. 함교가 대파되거나 선체 중앙부 리벳이 뜯겨나간 건 애교였고, 선체 중앙에 균열이 생긴 함선도 있었다. 그 결과 54명의 사망자(실종자 포함)가 발생했다.

왜 이런 참사가 일어났을까? 태풍 탓일까? 물론 태풍의 문제도 있었다. 그러나 구조적인 문제가 더 컸다. 함체 이상 보고가 있었음에도 출항을 강행한 무사안일주의도 문제였지만, 배수량을 생각하지 않고 한계까지 무장을 탑재한 것이 더 큰 문제였다. 그러니 선체가 버티지 못한 것이다. 욕심이 끝이 없었던 일본 해군은 같은 실수를 반복했다. 군축 조약을 피해가기 위해 온갖 꼼수를 다 썼지만 결과가 썩 좋지만은 않았다.

10

일본은 어떻게 실패했나 II

러일전쟁과 제1차 세계 대전을 지켜본 세계의 군사 전략가들은 하나의 결론에 도달했다. "근대전은 공격자보다 방어자가 더 유리하다." 이런 결론을 잘 증명해주는 사례가 프랑스의 마지노선Maginot Line이다.

제1차 세계 대전 동안 프랑스의 18~27세 남성 인구 중 27퍼센트가 전장에서 사망했다. 150만 명의 사망자 앞에서 프랑스인들은 절망했고, 마지노선 건설 계획이 나왔을 때 압도적인 지지를 보냈다(정치인들도 마찬가지였다). 프랑스는 9년간 총연장 750킬로미터의 거대한 요새를 만들어냈다.

여기서 굳이 마지노선의 효용성에 관해 이야기하지는 않겠다(마지노선에 관한 이야기는 이 책 후반부의 '외전' 참고). 다만 주목해야 할 것은 국가의 전략이 정해지고 국가의 군사 전략과

마지노선의 벙커

전술이 개발되었다는 점이다. 프랑스는 제1차 세계 대전의 악몽을 재현하고 싶지 않았기에 완벽한 '수성'의 방법으로 군사 전략을 짰고, 이를 실천하기 위해 마지노선을 만들었다.

그렇다면 일본 해군은 어땠을까? 미국을 가상 적국으로 설정해놓았지만, 미 해군 전력의 6할만을 확보한 일본 해군은 어떤 전략으로 미국을 상대하려 했을까?

쓰시마 해전, 그 찬란했던 기억

1905년 일본은 러시아 발트 함대를 상대로 크게 승리했다. 그 덕분에 일본은 함대 결전 사상에 심취하게 되었다(이는 당시 전 세계 해군의 기본 상식이었다. 일본은 이를 몸으로 경험한 상태였기에 딱히 비판할 이유는 없다). 그 결과 일본은 거함거포주의에 빠져들어 건함 경쟁에 뛰어들었고, 끝이 보이지 않는 건함 경쟁에 내몰렸다. 이때 일본 국민들에게 한 줄기 빛이 되어준 것이 워싱턴 해군 군축 조약이었다.

문제는 이때부터다. 미국 해군에 비해 6할의 전력만 가진 일본 해군이 어떻게 미국을 상대할 것인가? 이때 떠오른 것이 쓰시마 해전이었다. 지구 반 바퀴를 돌아 일본까지 왔던 발트 함대를 격멸한 쓰시마 해전. 일본 해군은 러시아 함대의 여정에 관심을 가졌다.

"적의 전력을 갉아먹으며 기다리다가 결정적인 순간에 주력 함대를 투입해 함대 결전으로 격멸한다."

말 많고 탈 많았던 '점감요격작전'의 등장이다. 1920년대부터 일본 해군은 이 점감요격작전의 기초를 닦았고, 이 작전을 바탕으로 태평양전쟁을 준비했다. 그리고 해군의 전략이 정

해지자 그에 맞춰 장비들을 특화했다.. 그 결과 태평양전쟁에
서 점감요격작전에 특화된 장비로 작전을 펼쳤고, 많은 문제
를 일으켰다.

진주만 공습 때 항속 거리가 짧은 함선들은 항공모함에 쌓
아놓은 연료통으로 급유를 해야 했다. 당시 기준으로 비정상
적으로 긴 항속 거리를 요구받은 제로센은 방탄 장갑은 물론,
연료탱크 방루 장비도 없는 상태에서 날개에 연료를 채워 넣
어야 했다. 그 결과 불타는 관이 됐다.

독일을 비롯한 다른 추축국 잠수함들이 보급선이나 상선을
공격할 때 일본 해군 잠수함들은 눈에 불을 켜고 군함만 공격

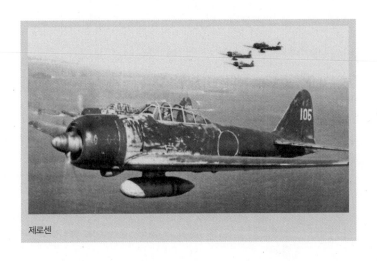

제로센

했다. 더 안타까운 것은 해군 본부가 어뢰 발사량을 제한했다는 점이다. 목표물의 크기와 종류에 따라 어뢰 발사량이 제한됐기에 성과는 더더욱 낮을 수밖에 없었다.

과연 이 점감요격작전이란 뭘까? 한마디로 '미 해군 함대를 순차적으로 소모시킨 다음, 일본 해군이 원하는 장소, 원하는 시간에 함대 결전으로 격멸시킨다'는 작전이다. 정말 말도 안 되는 소리다. 객관적인 전력이나 보급과 같은 요소는 차치하고 행위 자체만 놓고 봤을 때 공격자가 방어자보다 유리한 점은 무엇일까? 바로 '공격하는 시간과 장소를 공격자가 고를 수 있다'는 점이다. 즉, 내가 원하는 시기에 원하는 장소로 밀고 들어올 수 있다. 만약 내키지 않는다면 공격을 안 할 수도 있고, 공격 대신 수비를 선택하거나 전황을 관망할 수도 있다. 만약 육지에서 전투가 벌어진다면 방어하는 쪽에서 적의 이동 방향을 예측하거나 공격하는 사람의 진출 방향을 제한할 수도 있지만, 바다의 경우는 다르다. 망망대해에서 미국이 어디로 올지 어떻게 알 수 있을까? 그건 오로지 미국의 마음이다. 아니, 아예 공격 대신 수비를 선택할 수도 있다.

그런데 일본은 전쟁이 나면 미국이 공격해올 것이고, 그 공격 루트는 '하와이 → 일본 위임 통치령 → 오가사와라 제도

혹은 북마리아나 제도'가 될 것이라고 단정했다. 그리고 이 루트를 요격하겠다는 작전을 짰다. 과연 미국이 일본 말을 잘 들었을까? 결과는 역사로 확인할 수 있다. 점감요격작전의 실효성에 관해서는 더 이상 설명하지 않아도 될 테고, 여기서 확인해볼 것은 작전의 내용이다.

점감요격작전은 총 다섯 단계로 구성돼 있다.

1단계 잠수함으로 구성된 잠수 함대가 뇌격전(부설함과 구축함을 주력으로 하여 벌이는 싸움)을 통해 출격한 미 해군 함대의 10퍼센트를 제거한다.

2단계 일본 위임 통치령에 소재하는 해군 항공 기지와 항공모함 함재기를 동원해 미 해군 항공모함 부대와 항공 전력을 깎아낸다. 이 공격으로 미 해군 함대 전력의 10퍼센트를 제거한다.

3단계 야간에 공고급 순양전함, 중순양함, 경순양함, 구축함으로 구성된 수뢰전대를 투입해 야간전을 벌인다. 이때 공고급 순양전함과 중순양함은 미 해군의 호위 함대와 순양함, 구축함을 제압해 주력 전함으로 향하는 길을 연다. 이 길을 통해 구축함들이 침입하여 산소 어뢰로 뇌격한다.

공고급 순양전함

4단계 미 해군 함대가 1~3단계의 공격으로 전력이 깎인 상황에서 오가사와라 제도나 북마리아나 제도로 들어올 경우 일본 해군은 야마토를 중심으로 한 전 함대를 동원해 함대 결전을 벌인다.

5단계 함대 결전으로 패배한 미 해군이 퇴각할 때 일본 해군의 구식함, 보조함, 항공대가 추격해 격멸한다.

보고만 있어도 가슴이 뛰는 멋진 작전이다. 물론 미 해군이 일본의 계획대로 움직여줘야 한다는 '확실한 약속'이 있어야 하지만, 구상만 본다면 나름 비장미가 흐른다.

하나씩 살펴보자. 1단계의 잠수함을 통한 뇌격전은 점감요격작전의 실질적인 창시자이자 일본 잠수 함대의 수준을 끌어올린 스에츠구 노부마사末次信正의 색채가 물씬 묻어나는 대목이다. 스에츠구 노부마사는 제1차 세계 대전 최대의 해전이자 함대 결전으로는 마지막 해전이었던 유틀란트 해전을 보고 독일 해군의 잠수함 활용법에 감동받아 이를 연구했다.

2단계에서는 항공대의 활약을 전제로 한 작전 계획이 눈에 띈다. 거함거포주의의 총아인 전함이 아니라 항공기를 주력으로 하는 항공모함이 부상하는 상황이었지만 이때까지만 해도 항공기를 보조 전력으로 여겼다.

3단계에는 일본 해군의 자랑인(육군도 마찬가지지만) 야전夜戰이 등장한다. 일본은 유달리 야간전에 자신을 보였는데, 그 이

스에츠구 노부마사

유는 어디에 있을까? 근거 없는 자신감일까? 아니다. 당시 일본 해군은 "우리는 세계 최고의 야전 장비를 가지고 있다!"고 믿었다. 1920년대 일본광학공업(지금의 니콘)이 개발해 일본군에 납품한 쌍안경, 잠망경, 조준경 등은 세계 최고 수준이었다. 특히나 견시見視(망보기)에 필수인 쌍안경은 우수한 집광 능력과 고배율을 자랑했다. 자신들의 광학 장비가 타국 해군의 광학 장비보다 우수하다고 믿었던 일본 해군은 여기에 조명탄까지 결합한다면 야간전은 필승이라고 생각했다. 당시 일본 해군은 조명탄에 낙하산을 다는 방법을 고안해 적 함대의 상공에 쏘아 올렸는데, 그 효과가 탁월하다고 자평했다. 다시 말해 야간전에 대한 일본 해군의 자신감은 니콘의 쌍안경과 낙하산 달린 조명탄에서 비롯됐다. 레이더가 등장하면서 쌍안경과 조명탄을 활용한 야간전은 시대에 뒤떨어진 것이 되었지만, 일본 해군은 끝까지 야간전이 자신들의 주특기라고 우겼다.

4단계를 보노라면 기분이 참 묘해진다. 일본이 최초로 점감요격작전을 계획했을 때에는 오키나와를 상정해놓고 작전을 짰지만, 함포가 점점 거대해지고 항공모함과 항공기가 등장하면서 본토에 대한 공격 가능성이 점쳐졌다. 따라서 결전 장소는 본토에서 점점 멀어져 오가사와라 제도까지 밀려났다. 여기서 주목해야 할 부분은 '야마토를 중심으로 한 전 함대를 동원해 함대 결전을 벌인다'는 대목이다. 아직까지 쓰시마 해전의 그림자에 발목이 잡혀 있었던 것이다. 세계 최초로 항공 모함을 중심으로 한 기동 부대를 만들어 멋들어지게 진주만을 기습한 일본이 다시 함대 결전 사상으로 회귀하는 모습이 안타까울 따름이다.

어쨌든 점감요격작전의 핵심인 4단계의 사상적 배경은 쓰

일본 본토에서 오가사와라 제도까지의 거리

시마 해전 이후로 진리가 된 함대 결전 사상이었다. 군사 철학이나 사상이 실제 전쟁에서 어떤 식으로 작용하는지 언뜻 이해가 안 갈지도 모르겠다. 한 가지 예를 들어보자.

태평양전쟁 당시 일본 해군은 진주만 기습 공격으로 기동함대의 위력을 절감했음에도 불구하고 거함거포주의, 함대 결전 사상에서 벗어나지 못했다. 그리고 이를 실전에서 그대로 구현한 작전을 선보였다. 산호해 해전, 동솔로몬 해전, 레이테만 해전의 공통점은 일본 해군이 항공모함을 미끼로 던져놓고 함대 결전을 시도한 해전이었다는 점이다. 산호해 해

레이테만 해전에서 가라앉고 있는 즈이카쿠. 마지막 군함기 하강식 이후 승무원들이 "반자이(만세)"를 외치고 있다.

전에서는 멀찌감치 경항공모함을 떨어뜨려놨고, 동솔로몬 해전에서는 대놓고 경항공모함 류조龍驤를 미끼로 던져놨으며, 레이테만 해전에서는 정규 항모인 즈이카쿠瑞鶴를 미끼로 던져놨다. 당시 미 해군이 항공모함을 최우선으로 보호한 것과는 대조적인 모습이다. 결국 어떤 군사 전력, 사상을 가지고 있느냐가 전쟁의 결과를 좌우한다.

5단계는 굳이 설명이 필요 없을 듯하다.

일본 스스로가 부정한 점감요격작전

일본 군부를 대표하는 단어가 하나 있다면 바로 '파벌'이다. 근대 일본의 시작 자체가 파벌이었고, 근대 일본 육군과 해군의 시초도 파벌이기에 일본군은 파벌과 떼려야 뗄 수 없는 관계였다. 처음에는 육군과 해군의 갈등으로 시작되었지만, 곧 육군과 해군 내부에서도 파벌이 갈렸다.

해군에서 가장 유명한 파벌은 '함대파'와 '조약파'이다. 함대파는 워싱턴 체제 자체에 불만을 품었으며 전통적인 해군 사상인 함대 결전 사상을 믿었다. 그래서 이들은 전함과 순양함 같은 '수상 함대'를 중시했다. 반면, 조약파는 워싱턴 체제를 준수하는, 새롭게 등장한 파벌이었다. 이들은 항공모함이나 해군 항공대를 육성해 해군의 주력으로 삼아야 한다고 주장했다.

함대파는 함대 결전 사상을 바탕으로 한 점감요격작전을 열렬히 찬성할 수밖에 없었다. 문제는 함대파 스스로가 그 점감요격작전을 부정했다는 것이다.

옛 일본 해군에 관심이 있는 사람이라면 나카무라 류조中村良三란 이름을 한 번쯤 들어봤을 것이다. 야마토형 전함의 건조 계획을 세울 때 항공주병론을 내세웠던 야마모토 이소로쿠와 대치한 것으로도 유명한 인물이다. 당시 함정본부장 자리에 앉아 있었던 나카무라 류조는 결국 꿈에 그리던 야마토

나카무라 류조

전함 야마토

급 전함 2척의 건조를 성사시켰다.

거함거포주의의 화신이자 점감요격작전의 대가였던 나카무라 류조는 점감요격작전의 한계를 몸소 보여줬다. 그가 중장이던 시절, 일본 해군은 홍군과 청군으로 나눠 점감요격작전을 도상 훈련했다(직접 함대를 띄우는 대연습은 아니었다). 이때 나카무라 류조가 미 해군 역할을 맡아 함대를 지휘했는데, 그는 점감요격작전의 대가임에도 불구하고 일본 해군을 박살냈다. 이후 훈련 강평을 할 때 일본 해군 측 참모들이 불만을 터트렸다. "홍군의 작전은 상식에서 벗어난 작전 행동이다." 이때 나카무라 류조는 역사적인 한마디를 남긴다.

"미국은 일본이 생각했던 대로 움직여주지 않아! 그렇게 생각하는 것 자체가 대실수다!"

점감요격작전의 대가가 직접 점감요격작전의 한계를 인정한 것이다. 애초에 전제부터가 잘못된 작전이었던 것이다. 그의 말처럼 미국은 일본의 생각대로 움직여주지 않았다. 아니, 그렇게 움직일 이유조차 없었다.

'대군은 책략이 필요하지 않다'란 말이 있다. 미 해군의 조공助攻 부대가 일본 해군의 주력 함대보다 숫자가 더 많았던 터라 일본이 주공 부대와 조공 부대를 착각하는 일도 있었다. 일본은 미국과의 전력 차이, 생산력 차이를 너무도 안이하게 판단했다. 그나마 다행이라면, 점감요격작전은 계획과 연습만 했지 실전에서는 실행하지 않았다는 점이다. 그러나 함대 결전 사상과 점감요격작전을 위해 건조된 함정들은 유령처럼 달라붙어 태평양전쟁 내내 일본 해군을 괴롭혔다.

11

만주국은 어떻게 탄생했나

"대학은 졸업했지만…."

1930년대 일본 젊은이들 사이에서 유행하던 말이다. 대학은 졸업했지만, 일자리가 없어서 절망한 일본 젊은이들의 자조 섞인 푸념이었다(지금의 우리나라와 비슷하다고나 할까?). 1929년 불어닥친 대공황의 여파로 일본에는 실업자가 넘쳐났고, 사람들은 일자리를 찾아 헤맸다.

일본에 위기가 닥쳤다. 단순히 경제 위기로만 볼 문제가 아니었다. 대공황으로 일본은 또다시 '전쟁 국가'로 돌아가려 하고 있었다. '다이쇼 데모크라시'를 바탕으로 민주주의와 정당 정치를 발전시키고, 워싱턴 해군 군축 조약으로 군비를 삭감하고, 이렇게 확보한 재정으로 산업 발전에 투자하고, 악화일로를 걸었던 해외 열강들과의 화해 분위기를 경제 협력으로 이끌어 일본의 발전을 이룩한다'는 이상적인 구도. 이 모든 생각과 계획이 수포로 돌아가게 됐다. 일본은 전쟁으로 경제 위기를 극복하려 했다.

군이 움직이다
—

1930년 말 만주에 체류하는 일본인은 22만 8700명에 달했다. 이렇게 많은 일본인이 만주에 진출한 데에는 '국방 사상 보급 운동'이라는 일본군의 숨은 노력이 있었다. 당시 일본 육군은 농촌을 중심으로 국방 사상('만주 설명회'라는 이름이 더 어울리겠지만)을 보급했다.

"만주에는 기름진 평야가 널려 있다. 원래는 중국 땅이지만, 당장 우리가 죽게 생겼는데 이걸 그냥 포기할 것인가? 본토에서 굶어 죽느니 만주에 가서 인간답게 살아보지 않겠는가? 만주는 우리 20만 장병의 피로 얻은 곳이다."

일본 군부는 대공황으로 촉발된 경제 위기의 탈출구와 인구 과잉 문제의 돌파구로 만주를 생각하고 있었다. 물론 여기에는 '만주의 완전한 확보'라는 군사적 목적도 있었다. 조선을 식민지로 만들어 만주로 가는 발판을 만들고, 만주를 확실히 다져 소련 침략의 거점으로 만든다는 것이 일본 육군의 판단이었다. 더군다나 중국을 통일한 장제스가 언제 만주로 총구를 돌릴지 모르는 상황이었기에 만주를 확실하게 다져놔야 했다.

1931년 9월 18일 봉천 근처의 만철선 위에서 폭발이 일어났다. 관동군(만주에 주둔했던 일본 육군 부대)의 음모였다. 당시 관동군은 공격 준비를 마쳐놓은 상태였고, 이 폭발 사건을 빌미로 만주에 있는 중국군(장쉐량張學良의 군대)을 공격하기 시작

'만철 폭파 사건'으로 불리는 관동군의 조작 사건이 만주사변의 불씨가 됐다.

했다. 이른바 '만주사변'이 터진 것이다.

일본 정부는 이 사실을 통보받았을까? 당시 일본 외무대신인 시데하라 기주로幣原喜重郎가 이를 안 것은 9월 19일 조간 신문에서였다. 시데하라는 긴급 각료 회의를 열고 전쟁 확대 방지를 천명했지만, 그 누구도 관동군을 제어할 수 없었다(태평양전쟁 당시 대본영이 나서도 관동군을 통제할 수 없었다. 일본이 패망한 이유를 알겠는가?).

1932년 1월 3일 관동군은 만주를 함락했다. 만주 전체를 장악한 것이다. 관동군은 정부와 군부의 견제와 압박에도 불구하고 만주 각지를 돌며 만주국 건국 운동을 벌이도록 선동했다. 이미 1931년 11월 8일 톈진天津에서 폭동을 일으켜 청나라의 마지막 황제인 푸이溥儀를 만주로 데려온 상태였다.

그리고 대망의 1932년 3월 1일, 만주국이 탄생했다. 인구 3400만, 한반도 면적의 다섯 배나 되는 나라가 몇 달 만에 탄생한 것이다. 이런 만주국의 성격을 단적으로 보여주는 문서가 하나 있는데, 바로 푸이가 관동군 사령관 혼조 시게루本庄繁에게 보낸 서한이다.

1. 폐국弊國은 금후 국방 및 치안 유지를 귀국에 위탁하고

헨리 푸이. 마지막 황제인 푸이는 만주
국 1대 황제가 되었다.

그 소요 경비를 모두 폐국이 부담한다.

　2. 폐국은 귀국 군대가 국방상 필요로 하는 한 기설旣設 철
도, 항만, 수로, 항공로 등의 관리 및 신로 부설을 모두 귀국
또는 귀국이 지정하는 기관에 위탁함을 승인한다.

　3. 폐국은 귀국 군대가 필요하다고 인정하는 각종 시설에
관해 극력 이를 원조한다.

　4. 귀국인으로서 달식명망達識名望 있는 자를 폐국 참의로
임명하고 기타 중앙 및 지방 관공서에 귀국인을 임명하되 그
선임은 귀국 사령관의 추천에 따르고 해직은 동 사령관의 동

의를 요건으로 한다.

5. 상기 각 항의 취지 및 규정은 장래 양국 사이에 정식으로 체결할 조약의 기초가 되는 것이다.

만주국은 청나라의 후신일까, 일본의 식민지일까? 둘 다 틀렸다. 만주국은 관동군의 나라였다. 일본 정부는 만주사변이 시작될 때부터 이를 반대해왔지만 이미 일본의 군부는 민간의 통제를 벗어난 조직이었다.

일본 군부에게 만주는 러일전쟁 당시 20만 일본 장병이 피를 흘려 얻은 특별한 곳이었다. 일본 군부는 만주가 일본의 생명선과 같은 곳이라며 '만주 생명선론'을 주장하고 나섰다. 그런데 이 생명선이 위협받고 있었던 것이다. 워싱턴 체제에 의해 제1차 세계 대전 당시 확보했던 21개 조 요구를 위협받았고, 소련은 급속한 공업화로 옛 러시아의 위세를 회복하는 듯 보였다. 게다가 장제스가 중국을 통일하면서 조만간 중국과 충돌할 수도 있는 상황이었다.

그렇다면 왜 관동군은 만주를 점령해 직접 통치하지 않고 번거롭게 만주국을 만들었던 걸까? 바로 워싱턴 체제 때문이었다. '9개국 조약'이 걸려 있었던 것이다. 9개국 조약은 1922년 워싱턴 회의에 참가했던 미국, 영국, 네덜란드, 이탈리아, 프랑스, 벨기에, 포르투갈, 일본, 중화민국이 맺은 조약으로, 중국의 영토 보전과 독립된 주권의 확인이 그 핵심이었다.

여기에 하나 더, 1928년 8월 27일 프랑스 파리에서 체결된 '부전조약不戰條約'도 걸려 있었다. 한마디로 '전쟁을 하지 말자'는 조약으로, 자위권 발동 차원의 전쟁은 인정하지만 전쟁을 국제 분쟁을 해결하기 위한 수단으로 삼지는 말자는 내용이었다. 미국, 프랑스, 영국, 독일, 일본 등 15개국이 부전조약에 우선 조인한 상태였다.

만주국 초대 내각

관동군은 이 조약을 피해 가기 위해 만주국이라는 유령 회사와 푸이라는 바지 사장을 전면에 내세웠다. 이렇게 되면 관동군은 명목상 중국을 침략한 게 아니라 중국과 별개인 새로운 국가를 건설한 것이 된다. 이에 대한 일본 군부의 판단은 어땠을까?

1932년 1월 육군, 해군, 외무성은 다음과 같은 결론을 내렸다. "만주국은 만주에 거주하는 만주인들의 자발적 분리 독립국이다." 우드로 윌슨이 주창한 민족자결주의를 내세워 만주국의 정당성을 확보하고 미국의 개입을 막으려 했던 것이다. 이것으로 미국과 일본은 돌이킬 수 없는 상태로 갈라섰고, 이후 태평양전쟁까지 양국 관계는 악화일로를 내달렸다.

마지막 희망이 사라지다

—

1932년 5월 15일, 일본 해군 장교들이 일본 총리를 살해하는 일이 발생했다. 바로 '5·15 사건'이다. 앞서 이야기했듯이 당시 젊은 해군 장교들은 런던 해군 군축 조약을 체결한 와카쓰키 레이지로 총리를 암살할 기회를 노리고 있었는데, 와카쓰키가 선거에서 패해 퇴진하자 와카쓰키 대신 정부를 공격하기로 결심했다. 결국 이들은 총리관저를 습격해 당시 총리였던 이누카이 츠요시를 암살했다.

놀라운 것은 체포된 이들에 대한 일본 국민의 반응이다. 일본 국민은 이들을 석방해야 한다며 구명 운동을 펼쳤는데, 무려 35만 명이 탄원서에 서명했다. 백주 대낮에 일국의 총리를

'5·15 사건'을 보도한 《아사히신문》

암살하고 쿠데타를 모의한 이들을 살려야 한다고 나서다니 상식적으로 이해가 가는가? 당시 일본은 미쳐 돌아가고 있었다.

와카쓰키 레이지로 대신 죽은 이누카이 츠요시는 일본으로서는 너무도 아까운 인물이었다. 그는 일본의 대표적인 민주화 운동가로, 폭주하던 군부를 막을 수 있는 유일한 대안으로 여겨지던 인물이었다. 김옥균과 쑨원孫文을 지지한다고 말했을 정도니 이누카이가 어떤 성정의 인물인지 알 수 있을 것이다. 비록 군부의 압박에 못 이겨 만주국의 당위성을 설파하긴 했지만, 그는 일본의 다이쇼 데모크라시를 이끌어 군부의 독주를 차단하고 민주주의를 성장시킬 유일한 인물이었는지도 모른다.

그런 그가 암살당하면서 일본은 완전한 전쟁 국가로 치달았다. 이누카이의 뒤를 이은 30대 총리 사이토 마코토斎藤実는 해군 대장 출신이었다. 군부 출신 인사가 총리에 오른 것이다. 사이토 마코토가 재임 기간 동안 이룬 최고의 업적은 만주국의 정식 승인이었다. "나라가 초토화되더라도 만주국을 승인한다." 사이토는 중의원에서 이렇게 말했다. 당시 국제 사회의 분위기를 생각하면 일본은 고립무원의 길로 달려가고 있었다.

중국은 만주사변이 발발하자마자 국제연맹에 제소했다 (1931년 9월 21일). 뒤이어 미국은 만주사변의 책임은 일본에 있다고 선언했고, 1932년 1월 7일에는 만주 사태에 대한 불승인 방침을 천명했다. 국제연맹도 발 빠르게 대응했는데, 1931년 12월 10일 만주사변에 대한 실지조사단 구성을 결의해 영국의 리튼Victor A. G. B. Lytton 백작을 위원장에 임명했다. 리튼 백작은 4개월간의 조사 끝에 '리튼 보고서Lytton Report'를 국제연맹에 제출했다.

리튼 보고서는 일본이 9개국 조약을 위반했으며, 이에 따라 만주에 자치 정부를 설치해 비무장 지대로 할 것을 제안했다

철로의 폭발 부위를 조사 중인 리튼 조사단

(일본에 대한 배려 차원으로 일본의 권익도 인정했다). 리튼 보고서는 1933년 2월 24일 국제연맹 총회에서 42 대 1로 채택됐다 (1은 일본이었다). 당시 전권 대표였던 마쓰오카 요스케松岡洋右는 마지막 연설에서 "어떤 나라에게나 양보도 타협도 할 수 없는 사활적 문제가 있는데, 일본에게는 바로 만주 문제가 일본인의 생사가 달려 있는 도저히 양보할 수 없는 문제다"라고 말하고는 국제연맹 회의장을 박차고 나왔다.

1933년 3월 27일, 일본은 정식으로 국제연맹 탈퇴를 통보했다. 이후 일본은 전쟁을 향해 달려갔다. 그리고 1934년에는 지난 10여 년간 족쇄와 같았던 워싱턴 해군 군축 조약에서도

마쓰오카 요스케

탈퇴했다. 영국은 끝까지 일본의 복귀를 기대했지만 일본은 영국의 기대를 배신했다.

드디어 해군 휴일이 끝났다. 조약 시대에 묶여 있던 해군은 이제 무조약 시대를 맞이해 다시 한 번 건함 경쟁에 뛰어들 채비를 했다.

마치며

——

워싱턴 체제가 붕괴된 지 3년 만에 인류는 제2차 세계 대전이란 미증유의 대전쟁을 겪었다. 워싱턴 체제가 잡아챈 고삐의 위력이었을까? 아니면 단순한 우연이었을까?

만주사변으로 국제연맹을 탈퇴하고 워싱턴 체제에서마저 이탈한 일본은 이제 그 누구도 말릴 수 없는 전쟁의 길로 내달렸다. 1937년 태평양전쟁의 시작이라 할 수 있는 중일전쟁이 일어나고, 이후 9년간 일본은 중국과 미국이란 늪 속에서 허우적거렸다.

1941년 여름, 일본에서 가장 유능한 인재 35명이 극비에 소집돼 '총력전 연구소'를 설립했다. 여기에 참여한 인재들은 일본 각계를 대표하는 조직에서 가장 촉망받는 인재들이었다. 이들은 미국과의 전쟁에 앞서 '과연 미국과 전쟁을 치른다면 이길 수 있는지'를 연구했다. 일본과 미국의 국력을 면밀히 비교했고, 전쟁 상황에서 벌어질 상황을 예측했으며, 수많은 변수들을 확인했다. (이 이야기는 이노세 나오키의 책 《쇼와 16년 여름의 패전》에 자세히 나와 있다.)

그렇다면 그 결론은 무엇이었을까? "일본은 미국과의 전쟁에서 이길 수 없다"였다. 그럼에도 일본은 전쟁을 강행했다. 일본은 어째서 전쟁을 선택했던 걸까?

외전

국제정치의
본질과 마지노선

01

군사 역사상 가장 멍청한 짓

인류 역사상 가장 유명한 요새는 뭘까? 아마 '마지노선'일 것이다. 군사 쪽에 지식이 없는 이들도 일상적으로 마지노선 이란 말을 쓰니 말이다. 마지막 기한, 저항선이란 의미로 사용 되는 마지노선은 '군사 역사상 가장 멍청한 짓'을 의미하는 말 이기도 하다.

9년간 총연장 750킬로미터의 요새를 건설한 마지노선은 인 류사에 길이 남을 대공사였다. 요새 건설에만 160억 프랑(현 재 가치로 약 20조 원)이 들어갔고, 요새의 유지 보수에만 140억 프랑도 넘게 들었다. 이 '돈 먹는 하마'는 건설과 동시에 프랑 스군의 든든한 버팀목이 아니라 골칫덩어리로 전락했다. 아 니, 속 썩이는 아들 같았달까? 돈은 들어도 믿을 만한 구석이 있었으니 말이다.

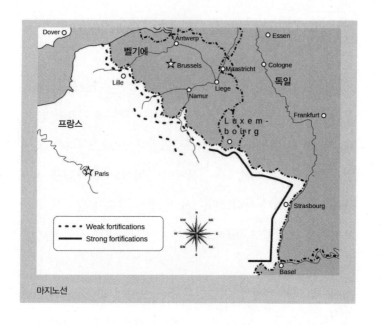

마지노선

하지만 마지노선은 멍청한 짓이었다고 바라보는 시선이 더 많다. "프랑스군은 마지노선의 건설과 유지를 위해 전체 예산의 47퍼센트를 쏟아부어야 했다. 만약 이 예산을 다른 분야, 예컨대 공군력이나 기갑 전력의 확충에 사용했다면, 프랑스군은 제2차 세계 대전 때 그렇게 허무하게 지지는 않았을 것이다." 맞는 말이다. 그런데 과연 마지노선이 희대의 '삽질'이었을까?

프랑스가 마지노를 선택한 이유

―

제1차 세계 대전을 치르면서 세계의 군사 전략가들은 "근대전은 공격자보다 방어자가 더 유리하다"는 결론에 이르렀다. 이를 뼈저리게 체험한 나라가 프랑스였다. 프랑스의 18~27세 남성 인구 중 27퍼센트가 전장에서 사망했고, 20~32세 청년 세대 40퍼센트가 사라졌다. 150만 명의 사망자 앞에서 프랑스인들은 절망했고, 마지노선 건설 계획에 압도적인 지지를 보냈다.

마지노선을 건설할 수 있었던 것은 프랑스 육군장관 앙드레 마지노André Maginot 덕분이었다. 제1차 세계 대전이 터지기 직전인 1913년, 마지노는 36세의 나이에 하원 의원으로 국회에 입성했다. 그러나 이듬해인 1914년 전쟁이 터지자 마지노는 자원입대했다. 하원 의원 출신이지만 하사관으로 자원입대한 마지노는 이내 지옥을 맛봤다.

프랑스의 소도시 베르됭Verdun에서 벌어진 베르됭 전투. 마지노는 제1차 세계 대전의 참상을 이야기할 때 빠지지 않고 등장하는 그 베르됭 전투에 참전했다. 그는 이 전투에서 다리에 총상을 입고 후송되었다(그 덕분에 살아남았는지도 모른다). 이

베르됭 전투

베르됭 전투에서 프랑스의 영웅이 된 사람이 '베르됭의 구원
자'로 불리는 필리프 페탱Henri Philippe Pétain이다. 그러나 비록 독
일군의 대공세를 저지하긴 했지만 프랑스군은 40~54만 명을
희생시켜야 했다(독일군은 35~43만 정도의 희생을 치렀다).

전쟁이 끝나고 한동안 프랑스는 안전했다. 베르사유 체제
하에서 철저히 발가벗겨진 독일은 히틀러의 등장으로 서서히
부활의 기지개를 켰다. 프랑스는 다시 긴장했고, 이때 제1차
세계 대전의 세 영웅들이 앞날을 고민하며 각자의 목소리를
냈다. 포슈Ferdinand Foch 원수, 조프르Joseph Joffre 원수, 그리고 페

탱 원수가 그 주인공이다.

포슈 원수는 전통적인 군사 전략을 내놨다. "공격이 최상의 방어다. 앞으로 있을 전투에 대비해 프랑스군은 신기술을 적극 받아들이고 이를 전력으로 극대화해야 한다." 반면 제1차 세계 대전의 악몽을 경험한 조프르 원수의 이야기는 달랐다. "근대전은 방어자가 공격자에 비해 압도적으로 유리하다. 베르됭과 솜 전투를 잊었는가? 다시 한 번 프랑스 젊은이들을 기관총과 철조망 앞으로 밀어 넣을 수는 없다." 당시 조프르 원수는 '요새 지대 위원장'을 맡고 있었다. 이 직함을 보면 알겠지만, 프랑스는 독일이 부활하기 이전부터 요새 건설에 대해 논의해왔다. 당시 프랑스의 여론은 이미 요새 건설에 어느 정도 의견을 모은 상태였다. 문제는 어떻게 건설할 것인가였다.

당시 프랑스군 최고 고문 자리에 있던 페탱은 "후방과 연계가 가능한 요새선을 구축해야 한다"고 주장했지만, 조프르는 "일정한 간격으로 요새군을 배치해야 한다"고 주장했다. 즉, 페탱은 요새선이 돌파당할 경우를 상정해 후방의 요새선과 연대할 수 있는 요새 건설을 주장했던 것이고, 조프르는 국경선 전체를 틀어막자고 주장했던 것이다. 결국 독일 국경선에 면한 지역은 페탱 원수의 안으로, 벨기에 국경선에 면한 부분

앙드레 마지노

은 조프르의 안에 맞게 건설하기로 타협점을 찾았다. 이렇게 프랑스의 영웅들이 각자 요새에 대한 주장을 내놓을 때 프랑스 육군장관 자리에 있던 이가 앙드레 마지노였다.

베르됭 전투를 잊지 않았던 마지노는 또다시 그 지옥 속으로 들어가고 싶지 않았다. 아니, 자신이 들어갈 리는 없었지만, 프랑스 젊은이들을 자신이 체험했던 지옥 속으로 밀어 넣고 싶지 않았다. 1929년 육군장관 마지노는 프랑스 의회에 요새 구축안을 상정했다. 의회는 90퍼센트라는 압도적인 지지로 요새 건설안을 승인했다. 그들도 제1차 세계 대전의 악몽을 반복하고 싶지 않았던 것이다. 의회의 압도적인 지지를 기

반으로 요새 건설 계획은 착착 진행됐다(마지노가 입안한 계획이
지만, 마지노는 마지노 요새의 완공을 보지 못하고 죽었다. 마지노 요새
를 완성한 것은 그의 후임인 폴 팽르베Paul Painlevé였다).

마지노선은 난공불락일까
—

'스펙'으로만 보면 마지노선은 완벽 그 자체였다. 이탈리아 방
면을 지키는 '알프스 라인'을 제외하고, 스위스 접경지대부터
벨기에 접경지대까지 750킬로미터가량 이어지는 이 '라인'은
가장 얇은 곳의 콘크리트 두께가 3.5미터일 정도로 완벽한 방
어력을 자랑했다. 험준한 지형을 배경으로 당시의 모든 건축
기술과 최고의 화력을 동원해 108개의 주요 요새를 구축했다.
요새는 15킬로미터 간격으로 배치됐고, 그 사이에는 연락 통
로를 판 후 아예 지하철을 놨다(협궤를 놓아 병력과 탄약, 물자를
이동시켰다).

그런데 강건한 겉모습과 달리 요새 안은 썩어 들어가고 있
었다. 연약한 지반에 엄청난 양의 콘크리트를 쏟아부은 통에
요새선 여기저기가 가라앉았고, 지하수의 침수로 요새 내부

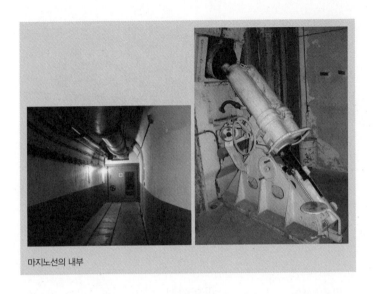
마지노선의 내부

의 전기시설이 고장 나거나 전기 합선으로 불이 나는 경우가 많았다. 이뿐만이 아니었다. 지하철 건설 공사 현장을 보면 알겠지만, 지하 공사는 침출수와의 싸움이다. 마지노선도 마찬가지였는데, 요새 안은 지하수 때문에 항상 습기가 차 있어 상당수 화포를 제대로 가동하지 못했다.

그럼에도 마지노선은 난공불락이었다(제2차 세계 대전 때 한 군데 요새선이 뚫리긴 했지만). 독일도 마지노선에 대한 공략을 포기하고 벨기에로 우회하는 '낫질Sichelschnitt 계획'으로 프랑스를 점령한 걸 보면 마지노선은 요새로서의 가치는 충분했다.

에리히 폰 만슈타인

　만슈타인Erich von Manstein이 입안한, 낫질 계획이라는 기상천외한 작전은 정확히 1940년 5월 10일 새벽 5시 35분에 시작됐다. 그리고 한 달이 지난 1940년 6월 17일 프랑스 수상에 취임한 페탱이 휴전을 제의했고, 1940년 6월 22일 파리 근교에서 프랑스는 항복 조인식을 했다. 히틀러는 제1차 세계 대전 당시 독일 측 항복 사절단이 타고 온 객차를 끌고 오게 해 (프랑스는 이 객차를 보관하고 있었다) 그 안에서 프랑스의 항복 조인식을 진행했다.

　프랑스는 어째서 벨기에 쪽 국경선으로 마지노선을 연장하지 않았던 것일까? 돈이 없어서? 방심해서? 아니면 바보라

프랑스의 항복 조인식

서? 아니다. 여기에는 국제정치학적인 계산이 있었다. 당시 프랑스는 벨기에 방면 국경선까지 마지노선을 연장할 계획이 있었다(대서양까지 둘러치려고 했다). 그러나 벨기에가 이를 방해했고, 이 외교적 실수로 프랑스는 한 달 만에 독일에게 점령당하게 된 것이었다.

하지만 벨기에 때문이라고 단정할 수는 없다. 당시 유럽에는 배신과 음모가 횡행했다. 서로를 믿지 못하고, 서로를 탓하고, 서로를 의심하면서 독일의 부활을 부채질하고 있었다.

02

제2차 세계 대전의 불씨

1920년대부터 제2차 세계 대전의 기운이 고조되는 1930년
대 중반까지의 유럽 정세와 군비 경쟁을 살펴볼 때 먼저 고려
해야 할 것이 독일을 바라보는 두 강국, 프랑스와 영국의 입장
차이다. 이 두 나라의 입장 차이가 독일의 부활과 제2차 세계
대전 발발의 핵심이었기 때문이다. 만약 프랑스와 영국이 공
통된 철학을 바탕으로 대독일 외교에서 확고한 연대나 보조
를 했더라면 제2차 세계 대전은 일어나지 않았을지도 모른다.
설사 전쟁이 발발했다 하더라도 조기에 끝났을 수 있다. 하지
만 제1차 세계 대전의 승전국인 프랑스와 영국 사이에는 미묘
한 시각 차이가 있었다.

프랑스의 입장

—

프랑스에게 독일은 불구대천의 원수였다. 멀게는 보불전쟁의 치욕이 있었고, 가깝게는 제1차 세계 대전의 억울한 승리가 있었다. 제1차 세계 대전의 주전장은 사실상 프랑스 영토였다. 제1차 세계 대전 내내 프랑스 땅에서 전쟁이 일어났고, 내내 프랑스 땅이 점령된 상태에서 전쟁을 치러야 했다. 이 기간 동안 아무 잘못 없는(독일이 전쟁을 시작했으니) 프랑스 젊은이 150만 명이 죽었다. 이는 거의 한 세대가 사라지다시피 한 기

프랑스에서 일어난, 제1차 세계 대전에서 가장 격렬한 전투였던 베르됭 전투

역시 프랑스에서 일어난, 제1차 세계 대전의 향방을 결정지은 마른 전투

억하기도 싫은 악몽이었다.

프랑스는 아픈 과거를 반복하지 않고자 160억 프랑이란 천문학적 금액을 들여 마지노선을 건설했다. 프랑스에게 독일은 불편한 이웃이 아니라 '위험한 이웃'이었다. 제1차 세계 대전 후 갖가지 조약과 외교적 안전장치를 마련해 독일을 옴짝달싹 못하게 묶어놓았지만, 그래도 두려웠다. 독일은 언제든 야수성을 끄집어낼 수 있는 위험한 국가이며, 그 야수성을 현실로 표출할 실력을 갖춘 나라다. 거기다 히틀러라는 '위험인물'이 프랑스가 만든 안전장치를 하나둘씩 해체하고 있었다. 프랑스가 독일에 대해 신경질적인 반응을 보이는 것은 당연한 일이었다.

영국의 입장

영국은 프랑스와 달리 독일에 우호적이었다. 동정이라고 해야 할까? 1920년대 내내 영국은 독일에 우호적인 모습을 보였다. 아울러 프랑스의 지나친 경계심을 비난했다. 이미 독일은 베르사유 조약으로 손발이 다 묶인 상태였고, 여기서 더 압박을 가한다면 독일은 영영 수렁 속에서 헤어나지 못할 것이라고 생각했다. 그것은 국제정치적으로나 경제학적 관점에서나 올바르지 않다는 입장이었다.

결정적으로 프랑스가 주장하는 독일에 대한 강력한 압박과 견제는 동맹국들의 '출혈'을 전제로 했다. 프랑스는 독일과 국경을 맞대고 있지만 영국은 도버 해협 밖이다. 그러니 독일을 바라보는 시선에서 온도차가 느껴질 수밖에 없다. 한마디로 "프랑스가 자기 피와 돈으로 독일을 압박한다면 이해하겠지만, 우리 피를 강제로 끌고 들어가는 게 싫다"는 것이 영국의 입장이었다. 맞는 말이다. 아무리 동맹이라고 해도 남의 나라 전쟁터에 자국의 젊은이들을 보내야 하는 상황이었다. 괜히 독일을 자극해 상황을 악화시키는 것보다는 이성적으로 줄 건 주고, 받을 건 받아가면서 타협하는 게 좋다는 판단이었다. 영국은 프랑스가 당연한 독일의 요구를 묵살해 외교적으로 안 좋은 결과를 이끌어내는 것이 오히려 전쟁을 부채질할 수 있다고 생각했다. 쥐도 막판까지 몰리면 고양이를 물지 않는가?

여기에는 두 가지 군사상의 문제도 결부돼 있었다. 첫째는 독일 군사력에 대한 과대평가이다. 1930년대 영국은 독일의 전력을 과대평가했다(1935년 히틀러가 베르사유 조약 파기와 재군비 선언을 할 당시). 영국은 독일을 기계화된 육군과 강력한 공군을 가진 나라로 여겼기 때문에 가급적 독일과의 전쟁을 피하고 싶어 했다.

둘째는 섬나라 영국의 필연적 한계라고도 볼 수 있는 '강 건너 불 끄기'의 심정이다. 영국은 섬나라였기에 해군은 강대했지만 상대적으로 육군이 적었다. 게다가 전통적으로 모병제를 택했기에 병력 수가 적었다. 물론 영국은 부자였고 인구도 많았다. 마음만 먹으면 단기간에 본토에서만 200만, 영연방 국가 전체에서 500만의 병력을 끌어 모을 수 있었지만, 이들을 훈련시키고 장비를 갖추는 데에는 시간이 필요했다. 이는 제1차 세계 대전 때에도 증명된 사실이다.

제1차 세계 대전 개전 초기 영국은 3개 군단으로 구성된 영

솜 전투에서 첫선을 보인 영국의 Mk I 전차. 영국은 대규모 모병 활동을 통해 프랑스군에 필적하는 군대를 갖기도 했다. 영국은 솜 전투에서 제1차 세계 대전 사상 최초로 전투를 주도했다.

국 원정군을 독일로 파견했는데, 그 수에서 알 수 있듯이 프랑스군의 보조 전력 같은 존재였다. 그러나 시간이 흐르고 본격적인 전쟁 경제 체제로 전환되자 영국은 특유의 슬로우 스타터다운 모습을 보였다. 즉, 전쟁이 난다면 프랑스의 앞마당에서 일어날 것이기 때문에 프랑스는 전쟁을 막는 쪽으로 외교력과 군사력을 집중했다. 반면 영국은 급한 대로 일부 병력을 보내 프랑스를 돕다가 프랑스와 독일이 실컷 싸우고 있을 때 동원령을 발령해 병력을 최대한으로 모아 프랑스를 지원하면 독일을 이길 수 있다고 생각했다. 내 집 앞마당에서 불난 것도 아니니까 급할 필요 없다는 것이다. 프랑스로서는 얄미울 수밖에 없지만, 영국으로서는 당연한 생각이었다. 영국은 제1차 세계 대전 때의 전략을 제2차 세계 대전 때도 그대로 밀고 나갈 작정이었다.

독일을 압박하는 조약의 굴레
—

제1차 세계 대전이 끝나자 연합국은 독일이 다시는 전쟁을 일으키지 못하도록 '베르사유 조약'으로 군사적 족쇄를 채우려 했다. 베르사유 조약의 핵심은 이렇다.

① 독일은 알자스-로렌 지방을 프랑스에 양도하고, 모든 식민지를 포기한다.
② 라인강 서쪽 지역 전부와 라인강 동쪽 60킬로미터 지역을 비무장지대로 하고 병력 배치를 금지한다.
③ 육군의 규모를 10만 명으로 제한한다.
④ 전차, 전투기(를 포함한 항공 전력 전부) 등 최신 무기의 보유를 일체 금지한다.

베르사유 조약의 체결

⑤ 해군의 병력은 1만 5000명, 군함은 경순양함 6척, 구축함 12척, 노후 배수량 1만 톤 이하의 전함 6척으로 제한한다. 잠수함도 금지한다.

⑥ 사관학교와 참모본부를 폐지한다.

⑦ 20년 안에 1320억 마르크를 금 기준으로 배상한다.

①항의 알자스-로렌 지방의 양도는 전쟁의 판도에 따라 프랑스, 독일을 오갔던 지역이니 이해할 수 있지만 ②항은 진지하게 생각해봐야 한다. 라인란트 지역의 비무장지대화는 독

일과 국경을 맞대고 있는 프랑스와 벨기에 같은 국가에게는 사활이 걸린 문제였다. 만약 이곳에 군대를 주둔시킨다면 국경을 맞대고 있는 프랑스로서는 신경이 쓰일 수밖에 없다. 그래서 아예 이곳에 군대를 주둔시키지 못하게 함으로써 전쟁은 꿈도 못 꾸게 하고 싶었던 것이다.

③~⑥항은 말 그대로 독일 군대를 없애겠다는 의도다. 국내 치안 유지를 위한 최소한의 병력도 안 되는 10만 병력에 탱크와 전투기 같은 병기 자체는 소유하지 못하도록 해 독일군을 반쪽짜리로 만들었다. 사관학교와 참모본부의 폐지는

베르사유 조약 체결 당시의 만평. 뒤돌아 우는 아이가 독일이다.

장교의 육성을 막고 각 군의 지휘 체계 자체를 분쇄하겠다는
의도였다. 가장 유명한 ⑦항은 패전국 독일을 아예 재기 불가
능하도록 만든 조항으로, 매년 20억 달러씩 지불하고 수출에
대해서는 26퍼센트의 세금을 부과했다. 이 때문에 마르크화
는 폭락하고 독일 경제는 완전히 주저앉았다.

문제는 이 베르사유 조약을 바라보는 각국의 시각이었다.
같은 연합국이지만 영국과 미국은 베르사유 조약이 너무 가
혹하다고 생각했다. 당시 영국 대표단으로 참여한 경제학자
케인스John Maynard Keynes는 베르사유 조약의 체결을 두고 "이제
남은 것은 전쟁뿐이다"라는 말을 남겼다(이 말은 케인스가 베르
사유 조약 체결 과정을 지켜본 뒤 곧바로 사표를 던지고 쓴 책인《평화

존 케인스

의 경제적 귀결》에 나온다).

이 배상금 문제를 단순히 '돈' 문제로만 봐서는 안 된다. 당시 배상금 문제에 가장 예민했던 나라는 프랑스였는데, 여기에는 영국에 대한 프랑스의 악감정도 결부돼 있었다. 제1차 세계 대전의 최대 피해국인 프랑스는 전쟁 당시 전비 조달 때문에 엄청난 고초를 겪어야 했다. 이때 프랑스는 영국에 손을 내밀었는데, 영국은 착실히 돈놀이를 하며 프랑스로부터 이자를 뜯어냈다. 그런 영국이 독일이 불쌍하다며 배상금을 탕감해줬다. 이걸 보는 프랑스의 기분은 어땠을까?

잠깐 이야기를 100년 전으로 돌려보자. 나폴레옹 전쟁 때 영국이 이길 수 있었던 건 영국은행이 탄생했기 때문이었다. 전비 조달을 위해 설립된 영국은행은 영국의 전쟁 혹은 영국의 이권이 걸린 전쟁을 (각국에 차관을 제공하는 방식으로) 지원했다. 만약 제1차 세계 대전과 같은 미증유의 대전쟁이 아니라 나폴레옹 시대의 전쟁 정도(최대 62만 정도의 병력이 회전을 벌이는 정도)로만 전쟁이 계속 벌어졌다면 영국이 구축한 전비 조달 시스템은 무난히 작동했을 것이다. 그러나 제1차 세계 대전은 이제껏 인류가 상상해왔던 규모를 훨씬 능가하는 대전이었다. 아무리 완벽하게 구축한 전비 조달 시스템이라고 해도 한계가 분명했다. 미국의 등장으로 겨우 파국을 모면한 것이 제1차 세계 대전의 '전쟁 경제'였다.

그럼에도 영국은 제1차 세계 대전으로 돈을 벌었다. 전비가 필요했던 동맹국들에게 돈을 빌려주고 착실하게 이자를 받아냈다. 그런데 프랑스의 눈에, 누군가는 피를 흘리는 전쟁의 한가운데에서 돈놀이를 하는 영국의 모습이 좋게 보였을까?

미국도 너무 가혹한 처사라며 독일에 대한 동정론을 펼쳤다. 반면 프랑스는 정반대였다. 베르사유 강화회의 의장이었던 조르주 클레망소Georges Benjamin Clemenceau 총리는 독일에게 너무 관대한 협정을 맺었다며 실각했고, 연합군 총사령관이었던 포슈 장군은 "세상에 이런 평화가 어디 있는가? 이것은 단지 20년간의 휴전 협정일 뿐이다"라며 비판했다. 제1차 세계 대전 당시 가장 많은 피해를 입은 프랑스와 단순 참전국인 영국과 미국의 시각은 이렇게 달랐다.

이런 시각 차이는 이후 독일에 대한 입장의 변화로 이어졌다. 베르사유 조약 체제하에서 독일은 발가벗겨진 채로 조리돌림 당하는 처지나 다름없었다. 전쟁을 일으키기는커녕 국가 내부의 소요 사태도 진정시킬 수 없는 10만이란 병력, 경제 회복을 불가능케 하는 막대한 배상금은 독일인들에게 비

상식적인 선택을 강요했다. 그러나 썩어도 준치, 패전했어도 독일이었다.

독일 외교는 죽지 않았다

—

1922년 4월 16일, 독일은 이탈리아 라팔로에서 연합국에게 '빅엿'을 먹였다. 라팔로 조약을 체결한 것이다. 라팔로 조약은 히틀러 집권 전의 독일 바이마르 공화국과 신생 소비에트 공화국이 체결한 우호 조약이다.

패전국 독일과 신생 사회주의 국가 소련에게는 공통점이 하나 있었다. 바로 세계의 왕따라는 점이었다. 독일은 지은 죄가 있어 그렇다 하지만 소련은 존재 자체가 문제였다. 자본주의 세계 한가운데에 점처럼(좀 큰 점이긴 하지만) 존재한 사회주의 국가 소련을 자본주의 국가들이 어떻게 바라봤을까? 소련은 없애야 할 적이었다.

어쨌든 이 두 왕따가 만났다. 두 나라로서는 아쉬울 게 없는 선택이었다. 수면 아래서 재군비를 해야 하는 독일에게 소련은 훌륭한 파트너였다. 독일은 자국 영토에서 실험할 수 없는 장비들을 소련에 가져가 실험할 수 있었고, 소련도 선진 기술과 교리를 전수받을 수 있었기에 누이 좋고 매부 좋은 상황이었다(제2차 세계 대전 때 독일과 소련의 전격전 지휘관들은 한솥밥을 먹던 사이였다). 경제 협력을 위해서도 더없이 좋은 파트너였지만, 무엇보다 외교적 고립에서의 탈출이 가장 큰 수확이었다.

허울뿐이었지만 그래도 전후 국제 질서가 국제연맹을 중심으로 돌아가던 상황에서 국제연맹 밖의 독일과 러시아가 힘을 모아 목소리를 낼 수 있게 됐다. 왕따 둘이었지만 전 세계에서 가장 큰 땅덩어리를 가진 국가와 한때 전 세계를 벌벌 떨

독일 수상과 러시아 대표단

게 했던 국가가 뭉친 거라 무시할 수 없었다. 이 결합은 이후 영국과 프랑스를 압박하는 카드가 된다.

외교적 성과뿐만 아니라 실질적 이익 면에서도 라팔로 조약은 서유럽의 연합국들에게 '빅엿'을 먹였다. 특히 이 조약이 제노바 회의 와중에 체결됐다는 점은 상징성이 크다.

북한을 예로 들어보자. 1991년 소련이 붕괴되고 러시아가 들어섰다. 당시 러시아의 경제는 최악을 달리고 있었다. 그 무렵의 상황을 단적으로 보여주는 것이 재정 악화로 인한 의료 복지의 악화다. 소련 시절에는 무상 의료였지만, 러시아가 들어선 뒤로는 의료 사각 지대가 넘쳐났다. 그 결과 러시아인의 평균 수명은 10년이나 줄어들었다.

러시아는 팔 수 있는 모든 것을 팔고 소련 시절의 채권을 회수하려고 했다. 소련 시절의 채권이란 바로 '구상 무역(일정 기간 수출의 양을 균등하게 해 무역 차액을 0으로 만들어 결제 자금도 0이 됨)'의 채권이었다. 냉전 시대 소련의 구상 무역이란 간단히 말해서 사회주의 국가에 대한 무상 지원과 같은 것으로, 서류 상으로만 존재하는 부채였다. 그 당시 러시아는 북한에게 구상 무역의 채권을 회수하겠다며 돈을 내놓으라고 했는데 북한의 반응은 단호했다. "러시아가 소련을 승계했다는 어떠한 증거도 없기에 채무를 상환할 수 없다." 물론 증거가 없는 게 아니라 돈이 없는 것이었을 게다.

마찬가지로 러시아 제국을 무너뜨리고 소련이 들어섰을 때 서방 세계는 러시아 제국에게 빌려준 채권을 회수하기 위한 방법을 짜내느라 골머리를 앓았다. 이때 눈에 들어온 게 독일이었다. "러시아 제국의 채무를 독일에게 받아내면 어떨까? 러시아도 제1차 세계 대전 때 참전하긴 했잖아? 독일이 러시아(소련)에게 배상금을 지불해야 하는 건 사실이니까 우리가 대신 받자."

당시 영국과 프랑스는 제노바 회의를 통해 독일에게 돈을 뜯어낼 궁리를 하고 있었는데, 그 와중에 체결된 라팔로 조약으로 그 계획은 수포로 돌아갔다(당시 독일과 소련은 러시아 제국의 채무와 소련에 대한 독일의 배상금을 맞바꿔 채권채무를 상쇄해버렸다). 영국과 프랑스가 제대로 한 방을 먹은 것이다.

정말 제대로 한 방 먹이겠다는 의도가 보인 것이, 라팔로는 제노바 근교에 있는 도시다. 다시 말해 제노바에서 영국과 프랑스가 독일에게 돈 받아낼 궁리를 하는 와중에 독일은 바로 옆 동네에서 소련과 조약을 맺은 것이다. 다시 말하지만 썩어도 준치, 패전했어도 독일이었다.

03

독일에 대한 압박과 히틀러의 등장

독일과 소련이 손잡고 서유럽 세계에 한 방 먹인 라팔로 조약 이후 프랑스는 도끼눈을 치켜뜨고 독일을 지켜봤다. "독일이 언제 다시 전쟁을 일으킬지 모른다!" 영국은 프랑스의 강박이라고 가볍게 생각했지만, 제1차 세계 대전의 악몽을 반복하고 싶지 않았던 프랑스에게는 가볍게 넘길 일이 아니었다. 프랑스뿐 아니라 벨기에도 제1차 세계 대전의 악몽을 공유하고 있었다.

결국 프랑스는 영국과 이탈리아, 벨기에를 끌어들였다. "다시 한 번 독일이 전쟁을 일으키지 못하도록 구속력 있는 압박을 가하자." 그래서 맺어진 조약이 바로 '로카르노 조약'이다. 스위스 로카르노에서 1925년 10월 16일 체결된 이 조약은 한마디로 독일을 믿지 못해서 다시 한 번 베르사유 조약을 상기 시킨 조약이었다. 몇 가지 의제가 거론됐지만 핵심은 두 가지였다. 첫째는 베르사유 조약에 의해 결정된 독일 서부 국경 지역의 현상 유지와 불가침, 라인란트 지역의 영구 비무장화였고, 둘째는 독일, 프랑스, 벨기에의 상호 불가침과 분쟁의 평화적 처리였다.

프랑스는 불안했다. 독일이 부활한다면 다시 프랑스를 침략할 것이라고 믿어 의심치 않았다. 프랑스는 베르사유 조약으로 확보한 알자스−로렌 지방과 서부 접경 지역의 국경선을

로카르노 조약의 주역들. 왼쪽부터 독일의 구스타프 슈트레제만, 영국의 오스틴 체임벌린, 프랑스의 아리스티드 브리앙

다시 한 번 확인하고, 라인란트 지역을 영구히 비무장화해 독일이 아예 전쟁을 생각지도 못하게 만들어야겠다고 결심했다(라인란트 지역에 독일군이 진주한다는 것은 곧 프랑스와 벨기에를 침공하겠다는 뜻이나 다름없다. 따라서 프랑스의 '마지노선'은 라인란트 지방이라고 볼 수 있다). 프랑스는 베르사유 조약을 체결했음에도 불안하여 안전장치를 만들었다.

한 발 더 나아가 국경을 맞대고 있는 프랑스, 독일, 벨기에가 서로 침략하지 않겠다는 불가침 조약까지 체결했다. 당시 프랑스와 벨기에는 순망치한의 관계였기에 결국 프랑스·벨기에 대 독일 간의 상호 불가침 조약이었다고 봐도 무방하다(벨기에는 독일이 부상하면서 중립을 포기하고 프랑스 편에 붙었다). 의미 있는 것은 이 상호 불가침 조약의 보증인으로 영국과 이탈리아가 참여했다는 점이다.

겉보기에는 일방적으로 독일에게 불리해 보이지만, 외교란 언제나 하나를 주고 하나를 얻는 것이다(베르사유 조약은 전쟁을 끝내기 위한 '강화' 조약이라 일방적이었다). 이 조약으로 독일은 로카르노 조약 발효 직후인 1926년 국제연맹에 가입할 수 있는 자격을 얻었다. 이는 제1차 세계 대전의 그림자를 지우고 독일이 국제사회에 복귀했다는(정확히 말하자면 서유럽 세계의 인정을 받았다는) 의미이기도 했다.

여기서 주목해야 할 점이 독일의 뛰어난 외교 감각이다. 로카르노 조약으로 영국과 프랑스에 유화적인 제스처를 취한 독일을 동쪽에 있는 소련이 서운해할 수도 있었다. 독일로서는 국제사회로의 복귀지만, 소련으로서는 '겨우 만든 친구가 떠나는 모양새'였다. 아직까지 소련이 필요했던 독일로서는 소련을 안심시켜야 했다.

결국 독일은 로카르노 조약을 체결하고 반년도 지나지 않은 1926년 4월에 소련과 '독소 중립 조약'을 체결했다. 히틀러 집권 이후 갑자기 독소 불가침 조약을 체결하여 독일과 소련이 협력한 것이 아니라 히틀러 집권 이전부터 독일과 소련은 서로의 필요에 의해 가까워졌다. 독소 양국은 서로를 이용해 국제사회에서 고립된 처지를 타개해보고자 노력했다.

여기서 주목할 대목은 그들이 손잡은 것이 1922년이었다는 점이다. 불과 몇 년 전까지만 해도 서로에게 총구를 겨누다가 이제 서로를 부둥켜안은 것이다. 국제정치가 어떤 것인지를 잘 보여주는 사례라 할 수 있다.

그리고 히틀러
—

대공황은 히틀러에게 기회였다. 대공황 직전인 1928년 총선에서 히틀러의 나치당은 2.6퍼센트의 지지율을 얻었을 뿐이지만, 대공황 직후에 치러진 1930년 총선에서 나치당은 18.3퍼센트의 지지율을 얻어 제2당으로 도약했다. 1932년 대선에서는 힌덴부르크Paul von Hindenburg가 53퍼센트의 득표를 얻어 대통령에 당선됐지만, 히틀러도 36.7퍼센트라는 엄청난 지지를 받았다. 이후 1932년 7월 실시된 총선에서 히틀러의 나치당은

아돌프 히틀러

37.4퍼센트의 지지율로 230석을 얻었다. 드디어 원내 1당이 된 것이다(의회 해산 후에도 다시 한 번 33.1퍼센트의 지지율로 196석을 획득해 원내 1당을 고수했다).

그리고 대망의 1933년 1월 30일, 히틀러가 합법적으로 집권하게 되었다. 이후는 일사천리였다. 우파 세력을 규합하고, 의사당 방화 사건을 구실로 공산당을 때려잡았다. 그리고 그 유명한 '민족과 국가의 위난을 제거하기 위한 법률Gesetz zur Behebung der Not von Volk und Reich'이 등장한다. 이른바 '수권법授權法'

수권법에 서명한 당시 정부 요인들. "Der Reichskanzler(수상): Adolf Hitler"가 눈에 띈다.

의 탄생이다.

이 법은 한마디로 비상사태 시 입법부의 입법권을 행정부에 위임하는 법이다. 정말 말도 안 되는 법률인데, 말도 안 되는 법률이기에 통과 방식도 말이 안 됐다. 투표는 나치 친위대와 돌격대가 독일 국회의사당을 포위한 상태에서 진행됐다. 이미 독일 공산당 의원 81명은 전원 체포되거나 외국으로 도피한 상태라 투표에 참석할 수 없었다(기권 표를 만들기 위한 나치당의 계산이었다). 당시 나치당은 196석으로 제1당임에도 전체 의석수의 3분의 1밖에 되지 않았다. 그런데도 이 법이 통과됐던 것은 독일 정치인들이 민주주의를 포기했기 때문이었다. 어쩌면 히틀러의 감언이설에 넘어간 것이었는지도 모른다. 아니면 생각 자체를 포기한 것이던가.

히틀러는 바이마르 공화국 체제를 존중하겠다며 군소 정당들의 표를 끌어모았고, 처음부터 반대가 예상됐던 공산당 의원들은 모두 국회의사당 밖으로 쫓아냈다. 그럼에도 헌법 개정을 위한 의원 정족수인 '3분의 2 출석에 3분의 2 찬성'을 맞출 수 없어서 결석 의원 모두를 기권 처리해 겨우 통과시켰다. "행동하지 않는 지성은 죽은 지성"이라는 사르트르의 말이 생각나는 대목이다. "행동하지 않는 양심은 악의 편"이라는 김

대중 전 대통령의 말도 떠오른다.

히틀러는 민주주의가 만들어낸 괴물이었다. 그리고 그 괴물은 행동하지 않는 지성, 행동하지 않는 양심들의 무관심을 양분 삼아 커나가기 시작했다. 우리는 히틀러가 SS(친위대)와 SA(돌격대)의 협박과 테러를 통해, 혹은 '맥주 홀 반란(뮌헨 폭동. 미수로 끝난 히틀러의 쿠데타)'과 같은 불법적 방법으로 권력을 갈취했을 것이라 상상하지만 실제로는 지극히 합법적인(비록 형식적 정당성만 확보한 것이지만) 방법으로 권력을 확보했다. 다시 말해 히틀러는 폭주 기관차의 모습 그대로였음에도 독일 국민과 정치인, 지식인이 히틀러에게 권력을 양도했던 것이다.

수권법을 기반으로 히틀러는 차곡차곡 독일을 접수했고, 독일 안에서 히틀러를 건드릴 사람은 아무도 없었다. 입법부의 입법 권한을 행정부로 넘긴다? 민주주의의 토대인 삼권분립이 무너지면 권력은 너무도 손쉽게 사유화된다. 법 제정이란 것이 얼마나 큰 의미인지, 민주주의의 기본이 왜 '감시와 견제'인지 확인할 수 있는 대목이다.

독일은 프랑스가 걱정했던 '전쟁의 길'로 가고 있었다.

소련, 폴란드 그리고 프랑스

바이마르 공화국 시절의 독일과 소련은 이보다 좋을 수 없는 우방이었다. 앞에서도 말했지만, 전 세계에서 완벽하게 소외됐던 독일과 소련은 서로를 의지하며 국제사회의 차가운 시선을 헤쳐 나갔다. 그러나 히틀러가 집권한 이후 모든 관계가 정지됐다. 상식적으로 봐도 '때려잡자 공산당'을 외치는 히틀러와 스탈린이 겸상하긴 힘들어 보인다. (이들은 1939년에 서로의 필요에 따라 다시 한 번 손을 잡았다. 이것이 국제정치의 비정함이다. 스탈린은 소련으로 망명한 독일 공산당 인사들을 독일에 넘길 정도로 성의를 보였다.)

프랑스는 전전긍긍했다. 히틀러의 등장으로 독일이 베르사유 조약을 파기할 수도 있는 상황이었는데, 문제는 그 시기였다. 만약 1930년대 중반에 유럽에서 전쟁이 일어난다면 가장 위험한 곳이 폴란드였다. 폴란드와 독일은 언제 전쟁을 해도 이상하지 않았다.

"독일인이 사는 곳은 모두 독일 영토가 되어야 한다." 히틀러의 주장이다. 처음에는 선동을 위한 구호일 뿐이라 생각했지만 오스트리아와의 통합, 뮌헨 협정을 통한 체코슬로바

발트해

단치히

독일
(동프로이센)

독일

폴란드

제2차 세계 대전의 도화선이 된 단치히 회랑

키아 주데텐란트 통합 등을 볼 때 히틀러가 폴란드의 단치히 Danzig 회랑도 눈독들이고 있을 것임이 분명했다.

이 단치히에 대해서는 설명이 필요하다. 연합국은 제1차 세계 대전 종전과 함께 폴란드를 부활시키기로 결론을 내렸다. 덕분에 폴란드는 무려 120년 만에 독립했는데, 문제는 이 폴란드 땅에 바다로 연결되는 길이 없었다는 것이다. 여기서 다시 한 번 우드로 윌슨의 이상주의적 면모가 드러난다. 윌슨은 우리에게 '민족자결주의'로 더 잘 알려진 '14개 조항' 중 13번째 항목에서 폴란드에게 바닷길을 내줘야 한다고 결의했다.

"독립된 폴란드 국가가 수립돼야 합니다. 그 영토에는 이론의 여지 없이 폴란드 사람들이 사는 지역이 포함돼야 하며, 자유롭고 안전하게 해상에 접근할 권리도 보장돼야 합니다. 정치적·경제적 독립과 영토 보전도 국제 협약으로 보장해줘야 합니다." 윌슨이 폴란드에게 바다를 챙겨주겠다고 오지랖을 부린 것이다.

문제는 누가 바다를 내주느냐였는데, 연합국의 누구도 자신의 땅을 내줄 생각이 없었다. 이때 눈에 들어온 게 단치히였다. 단치히는 윌슨과 연합국이 보기에 가장 적합한 땅이었다. 원래 폴란드 영토였다가 프로이센에게 넘어간 땅이었고, 인구의 60퍼센트가 폴란드인이란 점, 제1차 세계 대전 패전국인 독일의 영토라는 점 등 구색이 맞아떨어지는 지역이었다. 물론 독일의 반발이 만만치 않았다. 히틀러 집권 이전의 바이마르 공화국 시절부터 독일인들은 단치히에 대해 악감정을 품고 있었다.

이처럼 전쟁이 난다면 독일과 폴란드가 제일 먼저 포문을 열 것이란 관측이 나오던 그때, 전혀 의외의 소식이 들려왔다. 1934년 독일과 폴란드가 불가침 조약을 맺은 것이다. 이는 히틀러의 '페이크'였지만 유럽은 안도의 한숨을 내쉬었다. 유럽

의 화약고가 불이 붙기 전에 소화消火된 것이다. 유럽의 많은
국가(특히 영국) 지도자들은 히틀러가 생각 없는 폭주 기관차
가 아니라 나름 합리적인 인물일지도 모른다고 판단했고, 독
일을 조금 더 지켜보자는 쪽으로 생각을 가다듬었다. 그러나
그것은 다음 해를 위한 히틀러의 포석일 뿐이었다.

　1935년 3월 16일, 히틀러는 베르사유 조약의 파기와 독일
재군비를 선언했다. 드디어 올 것이 온 것이다. 프랑스는 즉각
반응했다.

1935년 9월 뉘른베르크
퍼레이드에서의 히틀러

히틀러가 재군비를 선언한 지 한 달 만인 1935년 4월 11일, 이탈리아의 소도시 스트레사Stresa에 영국, 프랑스, 이탈리아가 모여 삼국회의를 열었다. 이른바 '스트레사 전선'이라 불리는 삼국의 대독對獨 합의였다. 솔직히 말해 별 소득이 없는 회담이었다. 이들은 독일의 베르사유 조약 파기에 대해 의례적인 항의를 했고, 로카르노 조약의 준수를 외쳤다. 그러나 거기까지였다. 어떠한 구속력 있는 행동도 없던, 구호에 그친 모임이었다. 중요한 사실은 이미 이때부터 각국이 자국의 이익만을 생각하고 있었다는 점이다.

프랑스는 다급했지만 영국은 이미 다른 생각을 품고 있었고, 이탈리아는 유럽 대륙 밖의 일을 고민하고 있었다. 이 상황에서 영국은 프랑스의 등에 칼을 꽂았다. 아니, 전 세계의 등에 칼을 꽂았다는 표현이 맞을 것이다.

영국이 배신했다. 이 배신이 가져온 파장은 엄청났다. 만약 이때 영국이 프랑스를 배신하지 않았다면 어땠을까? 분명 제2차 세계 대전은 일어나지 않았을 것이다.

04

실패한 외교, 히틀러를 완성시키다

1935년은 유럽에 음모와 배신이 횡행했던 한 해였다. 1933년에는 독일이 괴물 히틀러를 탄생시켰고, 1935년에는 영국이 괴물 히틀러를 완성시켰다. 1934년 독일과 폴란드 간의 불가침 조약으로 유화적인 제스처를 취한 히틀러는 이듬해인 1935년 3월 전격적으로 베르사유 조약 파기와 재군비를 선언했다. 이에 대응해 1935년 4월 영국, 이탈리아, 프랑스가 스트레사 전선을 형성했지만 어디까지나 구호뿐인 모임이었다. 그리고 1935년 6월 18일 '영독 해군 조약'이 체결되었다. 스트레사 전선이 만들어진 지 겨우 두 달 만에 영국이 배신을 한 것이다.

스트레사 전선을 풍자한 삽화

영국, 동맹들의 등에 칼을 꽂다

—

1935년 3월 독일의 재군비 선언은 히틀러와 나치 정권에게는 도박이었다. 히틀러도 이를 잘 알고 있었다. 만약 스트레사 전선이 구속력 있는 행동을 한다면 독일은 이를 상대할 수가 없었다. 히틀러의 허세와 신생 제3제국의 실력 사이에는 격차가 있어서 프랑스, 영국, 이탈리아가 마음먹고 덤빈다면 독일은 다시 한 번 1918년으로 돌아가야 했다.

당시 독일은 제3제국 외교의 총아라 할 수 있는 요아힘 폰 리벤트로프Joachim von Ribbentrop를 통해 스트레사 전선의 무력화를 획책하고 있었다. 이때 가장 많이 공들인 대상이 영국이었다.

영국의 램지 맥도널드James Ramsay MacDonald 총리는 히틀러를 믿었다. 신뢰까진 아니어도 히틀러가 상식적인 인물이라고 생각했다. 전쟁이 일어나도 이상할 게 없는 폴란드와 불가침 조약을 맺은 것을 보고는 이성적인 대화가 통할 것이라 기대했다(다른 영국 정치인들의 판단도 마찬가지였다). 당시 영국을 포함한 제1차 세계 대전 승전국(연합국) 정치인들에게는 '절대 상수'가 하나 있었는데, 바로 '전쟁 절대 불가'라는 조건이었다. 이들은 제1차 세계 대전을 겪으면서 전쟁 혐오증에 걸렸다. 전쟁에 대한 두려움이 너무나 컸기에 "히틀러가 조금 설치더라도 전쟁이 나는 것보다는 낫다"라고 판단했다. 이런 허점을 간파한(혹은 활용한) 히틀러는 1939년 9월 1일까지 계속해서 무리한 요구를 하며 차곡차곡 독일의 힘을 키워 나갔다.

"평화를 원하는 자 전쟁을 준비하라"라는 말의 적확한 예라고나 할까? 당시 유럽은 히틀러를 제거하고 제2차 세계 대전을 막을 수 있었던 무수한 기회가 있었다. 그러나 이들은 전쟁이라는 최악의 상황을 걱정해 판단을 보류하거나 회피하면서 결국 제2차 세계 대전이라는 거대한 재앙을 만들어 냈다. 만약 '작은 전쟁'을 각오했더라면 제2차 세계 대전이라는 미증유의 전쟁은 일어나지 않았을지도 모른다.

그 시작이 된 사건이 '영독 해군 조약'이다. 영국을 위해 변명을 하나 하자면, 당시 영국은 꽤나 몰려 있는 상황이었다. 제1차 세계 대전 이후 '해가 지는 나라'가 된 영국은 자신의 패권을 최대한 부여잡기 위해 워싱턴 체제에 참여했고, 가장 열성적으로 활동했다. 워싱턴 체제가 유지되는 동안에는 패권까지는 아니더라도 기존의 기득권을 유지할 수 있었기 때문이었다.

그런데 1934년, 일본이 워싱턴 해군 군축 조약 탈퇴를 선언해 버렸다(워싱턴 조약은 탈퇴 2년 전 탈퇴 의사를 밝혀야 했다). 영국은 난감했다. 제1차 세계 대전의 상처와 뒤이은 대공황으로 영국 경제는 침체 일로를 걷고 있었는데, 이런 상황에서 다시 건함 경쟁이 벌어진다면 도저히 이겨낼 여력이 없었다. 그 때문인지 영국은 최후의 순간까지 일본의 복귀를 기다렸다. 이런 상황에서 독일이 재군비를 선언한 것이다. 최악이었다.

미국과는 우호적인 분위기를 유지하고 있었지만 아직까진 동맹이 아니었고, 일본은 동남아시아에서 호시탐탐 영국의 이권을 노리고 있었다(훗날 일본은 대동아공영권이란 명분 아래 영국의 식민지를 공격한다). 5:5:3의 비율을 유지하고 있지만, 대서양 저편의 5는 동맹국이 아니었고, 지구 반 바퀴 밖의 3은 영국을 노려보고 있었다. 게다가 영국의 5는 일본의 3처럼 어느 한군데에 집중할 수 있는 5가 아니라 식민지 전체를 담당하는 5였다. 건함 경쟁은 영국에게 불리할 수밖에 없었다.

여기에 난데없이 독일이 끼어들었다. 만약 독일이 건함 경쟁에 뛰어든다면 세계정세는 어떻게 변할까? 영국으로서는 엎친 데 덮친 격일 것이다. 영국은 제1차 세계 대전 직전에 빌헬름 2세의 제국해군과 펼친 건함 경쟁을 떠올릴 수밖에 없었다. 기억하기도 싫은 건함 경쟁과 뒤이은 제1차 세계 대전의 처절함. 좋게 표현하면 영국의 과대망상이고, 나쁘게 말하자면 영국 정보력의 실패이자 영국 정치인들의 두려움이 만든 실패라고 볼 수 있는 것이 영독 해군 조약이다.

당시 영국 총리를 비롯한 정치인들은 독일의 과학 기술력과 경제력, 공업력이라면 금방 전함을 찍어내고, 건함 경쟁에 뛰어들어 영국을 압박할 것이라 생각했다. 영국은 독일의 전력을 과대평가했다.

그러나 이는 명백한 판단 착오였다. 세계 최강의 해군력을 자랑하는 영국이라면 해군력을 키우는 것이 얼마나 힘든지 잘 알고 있었을 것이다. 당시 독일의 해군은 다른 유럽 국가나 해군 강국들과 비교하면 없는 것이나 다름없었다. 제국해군은 스캐퍼 플로Scapa Flow에 자침한 상황이었고, 제1차 세계 대전 종전 후 1935년까지 독일 해군은 베르사유 조약에 묶여 변변한 전함 한 척 띄우지 못했다.

이를 단기간에 복구한다는 건 어려운 일이다. 어찌어찌 배를 만든다 치더라도 운용할 해군 병력을 키우는 것은 또 다른 차원의 문제였다(베르사유 조약의 규제로 군 인력을 양성하기 어려웠다). 이 모든 것을 경험으로 잘 알고 있는 영국이 어째서 이

스캐퍼 플로에서의 자침으로 독일 해군의 전력은 심각하게 떨어졌다.

런 실수를 했는지 어느 정도는 이해할 수 있다. 영국은 전쟁이 두려웠던 것이다.

독일은 영국과의 조약을 통해 영국과 100 대 35의 비율로 각종 함정을 만들 권한을 획득했다. 공식적으로 영국 해군 대비 35퍼센트의 해군력을 확충할 권한을 인정받은 것이다. 이는 군사적으로도 외교적으로도 의미 있는 조약이었다. 베르사유 조약에 의해 보유가 금지됐던 전함과 유보트의 건조가 가능해졌고, 총톤수로 보자면 워싱턴 체제에서 프랑스가 확보했던 1.67 비율의 건조비와 비슷한 톤수를 인정받았다. 독일은 프랑스와 동일한 대우를 받는 외교적 성과도 거둔 셈이다.

여기서 생각해봐야 할 것이 영국의 과대망상과 독일의 실제 함선 건조 능력이다. 당시 영국은 "독일의 해군력을 영국군 대비 35퍼센트에 묶어놓은 것은 커다란 외교적 성과"라고 자평했지만, 1939년 9월 1일 전쟁을 시작했을 때 독일은 35퍼센트는커녕 20퍼센트도 채우지 못했다. 당시 독일은 탱크와 전투기를 생산하기에도 바빴다. 영국은 그렇게 전함을 건조해놓고도 전함이라는 것이 단기간에 찍어낼 수 있는 물건이 아니란 사실을 잊고 있었다.

국제정치학적 측면에서의 의미는 더 크다. 영국이 독일의 베르사유 조약 파기와 재군비 선언을 공식적으로 승인한 셈이었다. 스트레사 전선이 실질적인 행동을 취할까 전전긍긍했던 독일은 그렇게 베르사유 조약의 족쇄를 별 잡음 없이 풀어버렸다. 히틀러의 완벽한 승리였다.

배신의 후폭풍

—

영국의 배신은 이후 스트레사 전선을 포함한 연합국의 행보에 커다란 영향을 끼쳤다. 영국은 단순히 스트레사 전선만 배신한 것이 아니라 전 세계를 배신한 것인지도 모른다. 당시 스트레사 전선의 한 축을 맡았던 이탈리아의 무솔리니Benito Mussolini는 영국의 행보를 보면서 연합국 측에 계속 몸담고 있는 게 과연 옳은가 하는 회의감에 빠졌다. "유럽의 두 강국이라 자부하던 영국과 프랑스가 이렇게 무력했단 말인가?"

제1차 세계 대전에 연합국으로 참전했던 이탈리아가 흔들리기 시작했다. 당시 무솔리니는 이탈리아의 전통적 외교 노선에 따라 독일을 불편하게 봐왔지만 방향 전환을 고민하게 되었다(삼국 동맹의 시작은 영독 해군 조약에 그 뿌리를 두고 있다고

봐야 할 것이다). 아울러 국제사회에서 아무런 힘을 쓰지 못하는 영국, 프랑스와 어울리는 것보다는 실익을 찾아 아프리카로 가는 편이 현명하겠다고 판단했다. 그 결과 이탈리아는 에티오피아를 공격해 전쟁을 일으켰고, 연합국 대신 독일을 선택했다. 이렇게 연합국 공조 체계는 서서히 붕괴했다.

가장 큰 배신감을 느꼈을 프랑스도 영국과 엇박자를 내기 시작했다. 이전까지는 의견 충돌이라 보고 넘길 수 있는 수준이었지만, 영독 해군 조약 이후 영국과 프랑스는 서로를 불신하게 되었다. 이런 흔들림은 제1차 세계 대전 직후 완성된 '대독 포위망'의 붕괴로 이어졌다.

제1차 세계 대전 직후 유럽 각국은 독일에 대한 공동 방위를 구상했는데, 그것이 바로 대독 포위망이다. 베르사유 조약 직후 프랑스의 일관된 외교 정책은 '독일의 전쟁 방지'였다. 프랑스는 베르사유 체제 직후부터 대독 포위망 완성에 외교적 노력을 기울인 결과 벨기에, 폴란드, 체코슬로바키아, 영국 등을 포섭해 독일에 대한 포위망을 완성시켰다. 그러나 영독 해군 조약으로 (실력으로는) 가장 믿을 만한 영국이 배신했고, 이탈리아도 흔들렸다. 나머지 국가들인 벨기에, 폴란드, 체코슬로바키아는 지리상, 명목상의 존재들이었다.

독일을 둘러싼 나라들이 일종의 포위망을 만들었다.

　대독 포위망이 왜 이렇게 무기력했는지는 크게 두 가지로 요약할 수 있다. 하나는 프랑스가 독일의 군사력을 과대평가 했다는 점이고, 다른 하나는 '블러핑bluffing'(자신의 패가 상대의 것보다 약하다고 생각될 때 오히려 더 세게 베팅하여 상대를 기만하는 행동)을 기반으로 한 압박의 한계다.

　당시 프랑스는 제1차 세계 대전의 여파로 한 세대 자체가 완전히 사라진 상태라 동원할 수 있는 병력 수가 제1차 세계 대전보다 적은 암울한 상황이었다. 그에 반해 독일의 인구 증 가율은 프랑스를 추월해 상승 곡선을 그렸다. 아울러 베르사유 체제하에서 독일의 군사력은 억제할 수 있었지만 (군사적 잠재력이 될 수 있는) 산업 잠재력은 프랑스를 추월했다고 판단했다. 그렇기에 프랑스는 조급했고 두려웠다.

그래서인지 프랑스와 대독 포위망을 형성한 국가들은 블러핑, 즉 허세를 부렸다. 프랑스는 1920년대부터 독일을 견제할 중부 유럽과 서유럽 국가들을 찾아서 부지런히 군사 동맹을 맺었다. 그러면서 내놓은 카드는 "독일이 프랑스를 공격하면 당신들이 독일의 뒤를 공격하라. 당신들이 공격당하면 프랑스가 독일의 뒤통수를 치겠다"는 것이었다. 기본적으로 '한 대 맞으면'이란 전제가 깔려 있다. 제1차 세계 대전의 악몽과 독일의 무서움을 잘 알고 있던 그들은 먼저 전쟁을 시작하고 싶지는 않았던 것이다. 그런데 최후의 순간 '전쟁'이란 카드를 뽑아들고 독일을 압박해야 하는데, 그 가능성을 제거한 뒤 오로지 '블러핑'만 한다면 어떻게 될까? 무엇보다 히틀러의 상식을 파괴하는 행동 앞에서 블러핑이 통할까? 수세적인 전략만 세워놓고 움직이지 않는 이들이 독일을 억제하는 것은 불가능했다.

이제 실질적으로 프랑스가 믿을 만한 우방은 벨기에 하나뿐이었다. 벨기에만이 프랑스와 같은 목소리를 냈다. 그도 그

럴 것이 벨기에는 프랑스 바로 옆에 붙어 있는 나라이고, 독일이 전쟁을 일으킨다면 프랑스와 함께 가장 먼저 전쟁에 노출될 나라이기 때문이다. 이 때문인지 벨기에는 1920년 프랑스와 방위 조약을 체결했다.

이 부분을 눈여겨봐야 하는데, 제1차 세계 대전 당시 벨기에는 중립을 선포했지만 위치상의 문제로 독일과 프랑스군에 국토가 짓밟혔다. 어설픈 중립이 부른 참화였다. 이 뼈아픈 교훈 때문에 1920년 프랑스와 방위 조약을 체결한 것이다. 전쟁의 열기가 서서히 고조되던 1934년, 벨기에는 다시 한 번 중립을 선포하려 했지만 제1차 세계 대전 때와 같은 실수를 반복할 것이라는 내부 판단 때문이었는지 중립 국가 선포를 취소했다.

결국 프랑스가 만든 대독 포위망 중 남아 있는, 그리고 100퍼센트 믿을 만한 존재는 벨기에뿐이었다. 이제 전쟁은 피할 수 없는 것처럼 보였다.

05

|

국제정치의 본질

1935년 히틀러의 베르사유 조약 탈퇴와 독일의 재군비 선언, 이어지는 영독 해군 조약의 체결로 독일은 자신을 얽어매던 족쇄들을 거의 풀어냈다. 마지막 목표는 제1차 세계 대전 패전으로 빼앗긴 주권인 '라인란트 재무장'이었다.

프랑스와 벨기에에게는 라인란트 비무장지대가 전쟁을 막아줄 마지막 카드였지만, 독일에게는 제1차 세계 대전으로 빼앗긴 영토나 다름없었다. 단치히와 함께 라인란트의 재무장은 히틀러의 망상이나 독단적인 행동이 아니라 당시 독일 국민들의 염원이자 풀어야 할 숙제 같은 존재였다.

1935년 베르사유 조약을 파기한 히틀러지만 라인란트 재무장까지 가지는 않았다. 베르사유 조약을 파기하는 데도 상당한 용기가 필요했는데, 라인란트 재무장까지 간다면 로카르노 조약까지 파기될 터였다. 프랑스, 벨기에와의 불가침 조약을 파기한다는 것은 곧 이 두 나라를 상대해야 한다는 의미였다. 그리고 스트레사 전선의 프랑스, 영국, 이탈리아를 상대해야 한다는 의미이기도 했다. 아무리 히틀러라도 여기까지는 갈 수 없었다.

그러던 중 영독 해군 조약으로 영국을 포섭했고, 스트레사 전선의 한 축이던 이탈리아도 에티오피아로 떠나버렸다. 이제 스트레사 전선은 이름뿐인 존재가 됐다. 온 유럽이 히틀러가 라인란트에 들어갈 것이라고 예상했다. 아니, 기정사실이었다. 다만 그 시기가 문제일 뿐이었다. 당시 국제 정세에 식견이 있는 자들은 입을 모아 '10월 위기설'을 이야기했다.

"아무리 막나가는 히틀러라도 베를린 올림픽을 망치면서까지 라인란트에 진주하지는 않을 것이다. 만약 라인란트 재무장에 들어간다면 베를린 올림픽이 끝나는 10월이 유력하다."

히틀러가 1936년 8월 1일 개막하는 베를린 올림픽이 폐회한 뒤 라인란트에 진주할 것이란 예상이었다. 그러나 히틀러는 다시 한 번 모든 이의 예상을 뒤엎고 1936년 3월 7일 라인란트에 진입했다.

프랑스와 벨기에는 이제 독일군을 눈앞에서 맞이하게 됐

라인란트에 입성하는 독일군

다. 당시 프랑스군 첩보부는 라인란트에 주둔한 독일군 병력이 30만에 이를 것이라는 첩보에 전전긍긍했다. 만약 30만이 움직인다면 프랑스도 각오를 해야 했다. 그러나 실제로 독일군이 동원한 병력은 경찰을 포함해 채 4만이 되지 않았다.

　문제는 전후 프랑스가 공들여 만든 대독 포위망이 제대로 작동하지 않았다는 점이다(하긴 작동을 기대했다면 그게 더 이상하지 않을까?). 영국은 이미 동맹의 등에 칼을 꽂은 전적이 있기에 쉽게 믿을 수가 없었고, 실제로 대륙에 보낼 병력도 별

로 없었다. 프랑스가 믿었던 동쪽의 폴란드와 체코슬로바키아
는 공식적으로 전쟁을 부정했다. "프랑스가 독일 영토를 공격
한다면 그것은 프랑스의 침략이다." 폴란드와 체코슬로바키
아의 배신이었다. 사실 이들도 전쟁이 두려웠다. 애초 프랑스
의 구상은 프랑스와 벨기에, 영국이 합심해 서부 전선에서 독
일을 압박하고, 체코슬로바키아와 폴란드가 동부 전선에서 독
일을 압박하는 것이었다. 말 그대로 '양면전'의 모양새로 완벽
한 독일 포위망을 갖추는 것이었다. 그러나 영독 해군 조약과
뒤이은 이탈리아의 개별 행동을 보면서 포위망은 삐걱거렸다.
이들은 서로를 믿지 못했고, 결정적으로 전쟁을 두려워했다.

이 대목에서 다시 한 번 음모와 배신이 판쳤다. 라인란트 재
무장에 가장 두려움에 떨었던 국가는 벨기에였다. 프랑스와
벨기에가 순망치한의 관계라는 것은 제1차 세계 대전 때 이미
증명됐다. 벨기에는 또다시 독일의 군홧발에 짓밟힐지도 모
른다는 두려움에 휩싸여 있었다. 벨기에가 믿을 수 있는 동맹
국은 프랑스 하나밖에 없었다. 그래서 프랑스와 방위 조약을
맺었던 건데, 문제는 프랑스가 라인란트 재무장 앞에서 꿈쩍
도 하지 않았다는 것이다.

사실 대독 포위망이 제대로 작동하지 않는 상황에서 가장

위험한 국가는 벨기에였다. 영국은 바다 건너에 있고, 이탈리아는 제법 군사력도 갖추고 있는 데다 앞에는 알프스 산맥이 있었다. 폴란드는 벨기에를 능가하는 군사력을 갖추고 있었고(비록 전차에 돌격하는 기병대지만), 체코슬로바키아는 중부 유럽에서 독일군 다음으로 가장 강력한 군대를 보유하고 있었다. (폴란드군 육군과 체코슬로바키아 육군은 병력 수가 비슷했으나 질적으로는 체코슬로바키아가 압도적이었고, 공군력도 마찬가지였다. 또한 체코슬로바키아는 전차를 비롯한 각종 총기류 생산대국이었다. 제2차 세계 대전 당시 가격 대비 최고의 구축전차로 분류되는 헤처Hetzer는 독일

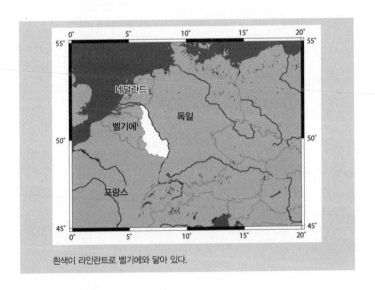

흰색이 라인란트로 벨기에와 닿아 있다.

이 체코슬로바키아군의 38톤 전차를 모태로 만든 것이었다.) 그렇다면 프랑스는? 여차하면 마지노선에 들어가 방어전에 들어가면 된다.

이런 상황에서 독일군이 라인란트에 진주한 것이다. 벨기에는 프랑스가 아무런 조치를 취하지 않았다는 사실에 경악했다. 이제 벨기에는 독일 앞에 발가벗겨졌다. 이들이 느꼈을 배신감은 어떠했을까? 벨기에에는 프랑스에 대한 불신과 분노가 팽배해 있었다. 전쟁이 일어난다면 벨기에는 제일 먼저 희생될 것이었다. 프랑스의 지원 없이는 벨기에는 국가의 형태를 유지할 수 없을 것이 뻔했다. 프랑스는 마지노선이란 믿을 구석이 있었지만 벨기에는 믿을 구석이 없었다. 이제 대독 포위망 중 제대로 작동하는 것이 단 하나도 없었다.

만약 이때 라인란트 재무장을 구실로 프랑스와 벨기에, 영국, 체코슬로바키아, 폴란드가 힘을 합쳐 독일을 공격 혹은 압박했다면 독일은 물러났을지도 모른다. 본의 아니게 유럽은 점점 더 전쟁의 판을 키워나가고 있었다.

나치가 공산주의자들을 덮쳤을 때

나는 침묵했다.

나는 공산주의자가 아니었기 때문이다.

그다음에 그들이 사회민주당원들을 가두었을 때

나는 침묵했다.

나는 사회민주당원이 아니었기 때문이다.

그다음에 그들이 노동조합원들을 덮쳤을 때

나는 아무 말도 하지 않았다.

나는 노동조합원이 아니었기 때문이다.

그들이 나에게 닥쳤을 때는

나를 위해 말해줄 이들이

아무도 남아 있지 않았다.

– 마르틴 니묄러Martin Niemöller, 〈나치가 그들을 덮쳤을 때〉

프랑스와 벨기에 그리고 마지노선

이제 서유럽에서 프랑스가 믿을 수 있는 국가는 벨기에 하나

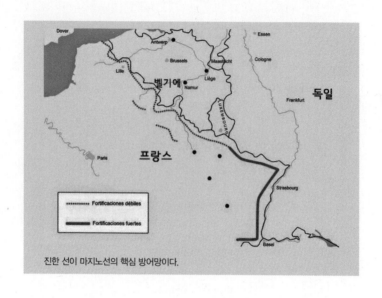

진한 선이 마지노선의 핵심 방어망이다.

뿐이었다. 제1차 세계 대전 때처럼 독일은 벨기에를 거쳐 프랑스로 짓쳐들어올 것이었다. 이미 마지노선은 벨기에 국경선이 시작되는 곳까지 완성되어 있었기에 독일이 무모하게 프랑스 국경 쪽으로 돌격할 것이란 생각은 그 누구도 하지 않았다.

문제는 벨기에 국경선 방면을 어떻게 처리하느냐 하는 것이었다. 프랑스는 마지노선 건설 계획을 세울 때부터 벨기에 국경선 방면도 마지노선으로 둘러칠 계획이 있었다. 프랑스가 바보는 아니니까. 그런데 어째서 마지노선을 연장하지 않았을까?

여러 이유가 있었을 것이다. 제일 먼저 떠올릴 수 있는 것은 '돈' 문제다. 막대한 건설비와 요새 유지비를 생각한다면 요새선을 무한정 늘릴 수만은 없었다. 그러나 이것만으로 모든 것을 설명할 수는 없다. 여기에는 벨기에의 정치적 목적이 있었다. 사실 프랑스는 대서양까지 마지노선을 건설하려고 계획했으나 제1차 세계 대전 당시 독일의 침략을 경험한 벨기에가 반발했다.

"전쟁이 터진다면 독일은 벨기에를 점령한 뒤 프랑스 국경을 위협할 것이다. 만약 프랑스가 마지노선을 대서양까지 이어버린다면 전략적으로 벨기에를 버린다는 의미다. 프랑스의 마지노선이 벨기에 국경까지 연결되는 것을 막아야 한다."

대독 포위망의 가장 약한 고리였던 벨기에가 그나마 믿을 수 있었던 건 바로 뒤에 있는 프랑스뿐이었는데, 그 프랑스가 마지노선에 들어가 웅크리고 있겠다면 벨기에는 앉아서 죽으란 소리나 다름없었다. 마지노선을 대서양까지 둘러친 다음에도 충분히 벨기에와 협조해 독일을 방비하겠다는 말은 어디까지나 말뿐이었다. 제1차 세계 대전의 참상을 모두가 두 눈으로 확인한 뒤였다.

"요새가 없다면 모를까, 요새가 건설된다면 언제든 벨기에를 버리고 마지노선 안에서 독일을 기다릴 것이다."

맞는 말이다. 역사를 보면 '조약'의 무게가 얼마나 가벼운지 쉽게 알 수 있다. 유사 이래 1990년까지 체결된 수많은 평화 조약은 그 지속 기간이 불과 평균 2년 남짓이었다. 멀리 갈 필요도 없다. 독일을 견제하기 위해 만든 베르사유 조약, 로카르노 조약, 스트레사 전선이 무너지는 데 걸린 시간은 불과 10여 년이었다.

말뿐인 구호의 허망함은 라인란트 재주둔 사건 앞의 대독 포위망에서도 확인할 수 있었다. 여기에다 마지노선이 대서양까지 이어진다면? 프랑스는 벨기에를 버릴 것이 분명했다. 벨기에는 나라의 운명을 걸고 마지노선 연장에 반대했다. 그리고는 한 가지 타협책을 내놓았다. "우리도 독일과 싸울 준비를 하겠다. 같이 싸우자."

유럽의 작은 국가 벨기에는 생존을 위해 국토를 요새화했다. 이때 등장한 것이 '운하'다. 1920년대 벨기에는 독일 국경선을 따라 벨기에 내륙으로 흐르는 알베르 운하Albert Canal를 파기 시작했다. 벨기에 안트베르펜Antwerpen과 리에주Liège를 연결하는 총연장 130킬로미터의 알베르 운하는 경제적 목적과 동시에 군사적 목적을 띠고 있었다. 독일의 진격에 앞서 천연의 방어막이 될 것이란 계산이었다. "최소한 독일군의 발을 묶어 놓을 것이다." 바닥 너비가 가장 좁은 곳이 24미터나 되는 알베르 운하는 독일군의 진격을 막지는 못해도 최소한 시간은 끌어줄 것으로 기대됐다. 벨기에는 전국의 철도망과 교량에 폭약을 설치해 독일군의 진격을 최대한 늦추는 계획을 짜기도 했다.

압권은 리에주 근처의 국경 마을 에방에마엘Eben-Emael에 건설한 에방에마엘 요새다. '작은 마지노'란 별명으로 유명한 에방에마엘 요새는 벨기에가 모든 것을 쥐어짜내 만든 벨기에

에방에마엘 요새

의 마지노선이었다.

그러나 에방에마엘 요새는 시작부터 잘못되었다. 요새 건설 당시 독일 회사가 참여했는데, 이 독일 회사가 설계도를 유출한 것이다. 그 결과 1940년 5월 10일 독일의 프랑스 침공과 동시에 독일 공수부대의 공격이 시작되어 30시간 만에 함락당했다.

3년간 벨기에가 온힘을 쥐어짜내 만든 요새가 30시간 만에 함락된 것이 안타까울 수도 있겠지만 그럴 필요는 없다. 독일은 아르덴Ardennes을 통과해 프랑스로 진격하려 했고, 실제로 이를 성공시켰다. 에방에마엘 요새 공격은 말 그대로 조공助攻, 즉 '페이크'였을 뿐이다.

마치며
—

필생즉사 사즉필생必生卽死 死卽必生. 만약 프랑스나 대독 포위망을 구성한 국가들이 죽을 각오로 덤벼들었다면 히틀러는 제2차 세계 대전을 일으키지 않았을지도 모른다. 아니, 설사 일어났다 하더라도 훨씬 빨리, 조용히 끝났을 수도 있다. 살겠다는 욕망이 너무 강하다 보니 결국 죽게 된 것이 프랑스였다.

영국의 배신을 손가락질할 수도 있겠지만, 그것이 바로 국제정치의 본질이다. 영국을 탓할 이유가 전혀 없다. 물론 잘못된 정보에 의한 오판은 지적해야겠지만, 영국은 당시로서는 최선의 판단을 내렸다.

"나의 생존보다 우선되는 것은 아무것도 없다."

자국의 이익을 극대화하는 것이 국제정치의 기본 룰이다. 그리고 그 배경에는 군사력을 포함한 국가의 힘이 있다. 언제나 그렇지만 진리는 가까운 곳에 있다.

• 이성환, 《전쟁 국가 일본》, 살림, 2005

• 육군사관학교 전사학과, 《세계전쟁사》, 황금알, 2004

• 이상태, 《조선역사 바로잡기》, 가람기획, 2000

• 이윤섭, 《다시 쓰는 한국 근대사》, 평단문화사, 2009

• 이윤섭, 《러일전쟁과 을사보호조약》, 이북스펍, 2012

• 위텐런, 《대본영의 참모들》, 나남, 2014

• 희희낙락호호당(http://hohodang.com)

• 나무위키(https://namu.wiki)